박고은　　　　　　사라진 근대건축

HB PRESS

차례

개정판을 내며 28
책을 펴내며 30
서문 34
근대건축과 함께 걷는 길 38

1장 지워진 건축, 일제 식민시대 45
'게이조' 시기 건물의 명암 51
조선총독부 청사 연대기 56
조선신궁과 신사들 75
반도호텔의 운명 95
엽서 사진 속 경성들 106

2장 파괴된 건축, 한국전쟁과 153
서울 요새화 계획
한국전쟁 1950-1953 158
덤프 머드, 1950년 서울 폭격 169
서울 요새화 계획 194

3장 숨겨진 건축, 군사정권과 213
발전국가 시대
군사정권의 두 가지 전략 218
프로파간다를 위한 거대한 무대 223
중앙정보부의 음지들 258

만일 그때 그 건축이 사라졌다면 290
주석 294
참고 문헌 296
도판 출처 299

자유결혼 (1958)

자유결혼 (1958) B8▲ 뒤표지 안쪽 지도에 표시한 등장인물의 위치.

서울의 휴일 (1956)

서울의 휴일 (1956)

자유부인 (1956)

여사장 (1959)

서울의 휴일 (1956)

자유결혼 (1958)

안개 (1967)

그 여자의 죄가 아니다 (1959)

야행 (1977)

영자의 전성시대 (1975)

개정판을 내며

책에 담긴 장소들을 다시 돌아보았다. 도시의 생애로 보면 길지 않은 2년 사이 건축물에 변화가 있을지 궁금했는데, 의외로 곳곳에 크고 작은 변화들을 발견할 수 있었다. 바뀐 내용을 본문에 덧댈 수 있는 경우 가능한 최근의 모습을 반영하였다. 대표적으로 한국은행 사거리에 자리한 옛 조선저축은행(옛 제일은행 본점) 건물은 오랜 리모델링 공사를 마치고 2025년 3월 백화점으로 개장을 앞두고 있다. 반공교육의 중심이던 남산 위 자유센터는 팬데믹 이후 케이팝 명소로 거듭난 모양새로, 공연예술창작센터로 변화할 준비를 하고 있다. 한편 세운상가는 도시재생의 흐름을 타고 보존되는 듯 보였지만, 그 사이 정책 방향성이 바뀌며 두 개 동이 가까운 시일 내에 허물어지고 공원화될 것으로 보인다. 가까운 미래, 같은 장소를 또 다시 방문하게 되었을 때 어느 정도의 변화가 있을지 예측하기 어렵다.

독자를 만날 기회가 있을 때면 '그래서 무조건 낡은 건물을 보존하자는 것이 결론이냐'라는 이야기를 종종 들었다. 물론 전반적으로 보존에 무게를 두는 책이기는 하지만, 선택의 기로에서 보다 신중하면 좋겠다는 제안에 가깝다. 한 장소에 쌓아 온 시간성이라는 것은 일단 그 공간이 사라지고 나면, 미래에 재현을 통해서는 제대로 복원할 수 없는 것이기 때문이다.

따라서 1990년대 조선총독부 청사 철거 찬반토론이 오가던 시절처럼 단순히 '철거냐 보존이냐'의 양자택일의 선택지 안에서 고민하는 것이 아닌, 2020년대 우리는 더 많은 선택지를 상상할 수 있는 사회적으로 성숙한 단계에 도달했다는 믿음으로 이 책의 결론을 열어놓고 싶다고 대답해 왔다. 철거한다면 완전한 철거인지, 그렇다면 어떻게 기록을 남길 것인지. 일부 보존을 한다면, 어느 부분을 어떻게 보여지도록 남길 것인지. 보존한다면, 그 공간에 어떤 새로운 기능을 부여할 것인지 등 선례를 통해 철거와 보존 그다음 단계에 대한 논의가 밀도 있게 오고가야 하는 시점이라는 의미였다.

그러기 위해 필요한 것은 건축 분야뿐만이 아닌 다양한 분야에서
서로 다른 생각을 가진 사람들이 모여 공간의 역할과 쓰임에 대한
상상력을 더하는 것이 아닐까.

  처음 이 책을 준비하면서, 얼마 남지 않은 오래된 공간들을
독자들이 찾아가 주었으면 하는 마음으로 지도를 만들어 뒤표지
안쪽에 실어놓았었다. 옛 사진으로나마 눈에 담은 과거의 모습을
직접 찾아가 현재의 장소 위에 포개어 보는 경험이 단절된 시간층
사이를 연결하고 회복하는 첫 단계라고 생각해 왔기 때문이다.
내심 지도가 얼마나 도움이 될지 걱정이 들었는데 이번 개정판에서는
보다 친절한 방식으로 책에서 다루는 장소들을 이어서 걷는 길을
제안할 수 있게 되었다. 과거 이야기를 품고 있는 장소 위를 걸으며
낡은 공간의 의미와 쓰임을 함께 그려 보는 기회가 되는 한편
곧 사라질지 모르는 장소를 각자 나름의 방법으로 기록하는 기회가
되기를 희망한다.

  2025년 3월
  박고은

책을 펴내며

영화 「서울의 휴일」 마지막 장면. 두 주인공이 서울 시내가 내려다보이는 산에 올라 밤하늘을 바라보고 있다. 보름달 아래 거대한 건축물은 옛 조선총독부 청사이다.

1950년대 서울의 시내 풍경을 고루 담은 영화 「서울의 휴일」(1956)을
우연히 보았다. 연기를 하는 배우들 너머로 배경에 흐릿하게 보이는
도시의 모습은 눈에 익은 몇몇 건축물로 간신히 서울이라는 것을 알아챌
수 있을 정도로 낯설었는데, 아득한 고층 빌딩들로 가득 찬
지금 서울의 지면 아래 어딘가 흔적을 내고 남아 있을지 모르는
저 건축물들의 이야기에 자연스레 관심이 갔다. 시간이 날 때마다 예전
고전영화 자료 속 그 낯선 건축물들의 현재 위치를 눈에 익은 지형지물에
근거해 추정하는 일은 마치 지도 위에서 조각난 퍼즐들을 맞춰 보는
놀이처럼 한동안 흥미를 두었던 어디까지나 개인적인 활동이었다.

     그중에서도 눈이 갔던 건축물은 식민시대에 지어진 근대
건축물이었다. 유럽의 고전주의 건축 양식을 빌어 이 머나먼 아시아
땅에 200년 가까운 시차를 두고 재현된 근대 건축물은 오늘날
서울의 모습과는 너무나 이질적이라 마냥 어색하게 느껴졌는데,
이 '어색함'이라는 인상이 어디에서 비롯되었을까 하는 질문은
이 리서치를 시작하는 계기가 되었다. 그동안 서울을 관찰하며 도시를
구성하는 건축이 크게 두 가지로 분류된다고 느꼈다. 끊임없이 부수고
새로 지어지는 동시대의 건축물과 문화유산으로 보존되고 있는 조선시대
전통 건축물이다. 연속성이 느껴지지 않는 현대건축과 전통건축
사이에 이 공백은 어떤 의미일까? 불안정한 과도기였을 공백의 시공간
위에 한때 자리해 있다 사라진 몇몇은 내가 본 고전영화에서처럼
주인공이 아닌 흐릿한 배경이었다.

     '서울 내 근대건축의 부재'에 관한 오랜 관심은 네덜란드
디자인 아카데미 아인트호벤에서 석사 졸업 프로젝트를 기획하며
더욱 구체화되었다. 아인트호벤이라는 도시는 2차 세계대전 중 독일군의
대규모 폭탄 공격을 당해 원래의 도시가 완전히 파괴되었고, 이후
현대화된 공업도시로 재건된 역사가 있는 곳이다. 네덜란드 내 대다수의
도시들은 오래된 도시 경관을 유지해 왔고 이처럼 전쟁으로 인해 도시
전체가 현대화된 경우가 워낙 드물기에 시내 풍경이 굉장히 독특하다는
것이 내가 받은 도시의 첫 인상이었다. 리서치 주제를 학교에서 처음
발표하던 날, 1995년 옛 총독부 청사 철거식을 생중계하는 한국의
뉴스 영상을 공개했다. 이를 본 교수님과 학생들은 흥미로워하면서

동시에 의아해했다. 저 정도 규모의 거대한 석조 건축물을 기능상
아무런 문제가 없음에도 인위적으로 철거를 했다는 사실, 그것도
과거 식민역사를 청산하려 함을 대내외적으로 알리기 위해 세레모니
형식으로 기획된 그날의 모습은 기존의 오래된 도시 풍경을 유지하고
보존하는 것에 익숙한 보수적인 유럽인의 시각에서는 이상한
일이었다. 아마도 '과거 청산'이라는 철거의 명분에 더욱이 공감하기
힘들어했던 것은 그들 스스로가 피지배국이 아닌 지배국의 시선으로
그 상황을 이해하려 했기 때문일 수 있다. 네덜란드 역시 인도네시아를
식민지배했던 역사를 가지고 있지만, 지금 두 나라 간의 감정은
한국-일본과 달리 우호적이다. 그래서 그들에게 철거의 배경이 된
'반일감정'의 기원과 정도를 설명하다 보니 '식민역사에 대한 부정적
인식 때문에 근대건축들이 보존될 여지가 없이 대부분 철거되어
사라졌다'라는 나의 리서치 결론이 객관적인 시각에서 인과성이
부족하다는 것을 처음으로 인식하게 되었다. 여기서 '때문에'로 연결된
두 문장이 한국에서는 부연 설명이 필요 없을 정도로 당연한 인과
관계였으나, 외부인에게는 설득이 되지 않는다는 점은 이 리서치를
통해 내가 전달할 메시지의 방향성을 선명하게 했다. 유럽에서
홀로코스트 관련 건축 유산들이 그 건축물 스스로가 참혹한 과거 역사
현장을 증언하게끔 온전히 보존되고 있듯이, 한국의 쓰라린 근대사의
이야기들을 담고 있는 그 건축물들이 '부정적 역사'를 담고 있기 때문에
오히려 제대로 보존하고 기록해 다음 세대에 전달해야 한다는 것 말이다.
누군가에게 이 문장을 그대로 전달하고 의견을 묻는다면 '보존하는
것이 맞다'라고 어렵지 않게 동의할 이야기지만, 막상 서울에서는 많은
근대 건축물들이 문화재로 미처 지정되지 못하고 낡은 건물로 낙인찍혀
철거돼 지금도 도시에서 사라지고 있는 것이 현실이다.
따라서 이 책은 '건축'이 아닌 '사라진'에 초점을 두고 쓰였다. 앞선 건축
분야의 역사 연구 자료들을 살펴보고 많은 부분 참고하였으며 여기저기
흩어져 있는 건축물에 관한 정보를 아카이브해 그것들이 도시에서
사라져 간 이야기를 모아 엮고자 하였다. 또한 지난 1900년대를
전반적으로 다루어 식민시대 건축물뿐 아니라 한국전쟁과 전후
냉전시대, 그리고 박정희시대 건축물까지 리서치의 대상을 확장했다.

각 시대에 대한 우리의 부정적 인식의 근원은 다르지만, 그 시대 건축물들을 대하는 태도는 다르지 않다. 기억하고 싶지 않은 부끄러운 시대, 그래서 우리가 사는 도시에서 사라져 줬으면 하고 바라는 것들. 마치 가위로 싹둑 오려 내거나, 그 위에 다른 겹으로 덧대어 숨기듯 우리 손으로 지워 버린 그 건물들을 이 책에 모았다. 그 과정에서 철거된 물리적 요인보다는 인위적 요인에 더 관심을 두고, 건축물이 사라지던 각각의 시점에 얽힌 이야기들을 시간순으로 엮었다. 건축물들이 사라지기 전, 같은 공간에 살던 사람들은 그 장소에 어떤 인상을 받았는지 그 일상적이고 평범한 이야기들을 모아서 재구성한다면 보다 다양한 방향에서 건축물을 감각할 수 있지 않을까. 각각의 건축물들에 대한 부정적인 꼬리표, 즉 부분적인 일면만 부각되어 결국 사라졌다라고 한다면, 이토록 납작하게 평면화된 건축물에 대한 우리의 관점을 다각화하고 그 시대를 보다 입체적으로 바라볼 수 있도록 하는 데 이 책이 도움되길 바란다. 마지막으로 광범위한 범위의 자료들을 모아 보겠다는 초보 연구자의 무모한 시도에 응원과 실질적 도움을 주고, 책으로 엮어 준 에이치비 프레스에 감사의 인사를 덧붙인다. 책을 접하는 분들의 관심이 더해져 미래에는 서울이라는 도시가 품고 있는 이야기의 시간층이 겹겹이 촘촘하고 풍성해질 수 있기를.

서문

지난 100년 동안, 도시 서울은 전례 없이 빠르게 팽창해 왔다.
19세기 말 개항과 함께 근대화되기 시작한 조선의 수도는 혹독했던
식민지배기와 뒤이은 내전 그리고 급속한 경제 개발 과정을 겪으며
여러 시간층이 쌓아 만든 도시의 풍경 대부분을 잃어버렸다. 낡고
오래된 도시 곳곳이 쉴 틈 없이 빠르게 새로운 것으로 대체되어 온
지난 세기 동안 근대라는 시기는 유독 그 흔적을 남기지 못하고
사라져 잊혔다. 지금 이 순간에도 끊임없이 변화하고 있는 서울에서,
이 책은 새로운 것이 자리할 '공백'을 마련하기 위해 반대로 철거되어
사라져 버린 건축물들, 특히 비교적 최근에 지어져 그 역사적 가치가
상대적으로 덜하다는 인식으로 인해 우선적으로 제거 대상이 된
'근현대 건축물'에 집중한다. 그것들은 도시 공간 속에 자리했던
시간이 짧았던 만큼 우리들에게 충분히 인지되고 기억되지 못했을 뿐
아니라, 기록으로 남아 미래에 그 가치를 재조명받을 기회마저
미처 얻지 못하고 사라졌다.

  왜 그것들은 상대적으로 더 쉽게 흔적이 지워져 버렸을까.
이 리서치는 건축물들이 지어진 시대적 배경, 즉 근현대기를 바라보는
우리의 인식과 관련이 있다는 가설에서 시작하였다. 지난 20세기
한국의 근현대는 일제강점기(1910-1945), 한국전쟁(1950-1953)과
국가 분단, 그리고 박정희 군사정권기(1961-1979)를 거쳐 온
그야말로 격동의 시기였다. 한국 사회가 전후 단기간 내에 극적인
경제 성장을 이루어 냈음에도 불구하고, 이 시기는 구성원들에게
지울 수 없는 트라우마를 남긴 부정적 역사(Negative history),
즉 식민지, 내전, 독재정권을 상기시키는 역할을 하고 있다. 그렇게
현대를 사는 한국인들에게 여러 복합적인 감정을 상기시키는, 그래서
무엇 하나로 정의하기가 아직은 민감하고 애매한 시기로 남겨져 있다.
앞서 열거한 부정적 역사를 직접 경험하지 못한 지금의 세대에게
근대(近代)는 얼마만큼 가깝게 느껴지는 시대일까. 근대 이전인
조선시대까지의 전통 건축물은 소중히 보호해 마땅히 미래 세대에
전해야 할 '우리'의 유산이라 생각하지만, 근대에 포함되는 일제시대에
지어지기 시작한 이국적인 서구 양식의 건축물들에 대해서는 애매한
태도를 지니게 되지 않는가. 1900년대 초 이 생경한 서양풍 건축물들을

처음 본 조선인들이 뾰족뾰족한 괴상한 모양의 투구를 쓴 침략자를 떠올린 것과 유사한 감정일지 모른다. 그리고 지금까지 남아 있는 몇 안 되는 근대 유산들은 반세기 넘도록 우리와 함께 서울의 시공간을 공유하였음에도 불구하고 여전히 '우리'의 것이 아닌 '적산(敵産)'이라 불리고 있다. 우리는 여전히 근대를 남에게 빼앗긴 시대로 인식하고 있는 것이다.

근대 이전 조선시대 한양의 모습과 초현대화된 서울 사이의 괴리감, 즉 같은 물리적 공간 위에 켜켜이 쌓여 온 시간의 단층 간에 설명되지 않는 단절감은 한양과 서울, 그 사이에 존재했던 근대라는 시간층이 온전히 우리의 이야기가 아닌 것만 같아 충분히 기록되지 못했기 때문에 발생한 것은 아닐까. 이 책에서는 그 단절을 다시 잇는 방법으로써 근현대 건축물을 매개로 여기저기 흩어져 있는 그 시대 풍경의 단편들을 모아 보려 한다. 잠시나마 이 도시에 존재했었던 건축물들, 네거티브 헤리티지(Negative heritage: 부정적 문화유산)를 한국 사회가 어떻게 다루어 왔는지 알아보고, 그 건물들의 흔적들이 지워지는 과정의 이야기를 따라가 본다.

자료를 모으는 과정에서 지워진 건축물들에 대해 남아 있는 정보가 충분치 않아 수집의 어려움이 있었지만, 남아 있지 않은 정보의 빈 영역까지도 부정적 역사라는 어두운 공백을 부각하는 적절한 매개가 될 것이라 생각하였다. 이는 건축물들을 둘러싼 미시적 차원의 사소하고 일상적인 이야기들을 모아 그 공백의 작은 틈이나마 채워 볼 수 있을 것이다. 더 나아가 모은 정보를 바탕으로 우리가 알아채기 전, 이미 사라져 기억에서 잊힌 건축물들을 상기할 적절한 방법을 찾기를 기대한다. 잠시나마 서울이라는 공간 속 일부로 존재했던 건축물들에 대한 단편적인 조각들을 모아 재구성할 수 있다면 우리가 사는 이 도시에서 기억을 공유하고 읽어 낼 수 있는 이야기의 레이어가 좀 더 풍부해질 수 있지 않을까.

일러두기

○ 근대(近代)의 사전적 의미는 지금으로부터 얼마 지나지 않은 '가까운 시대'이다. 서구에서는 산업혁명이 일어난 18세기 중반을 그 시작점으로 여기지만, 한국의 근대기는 조선말 개항 시점인 1876년을 기준으로 하는 것이 일반적이다.[*] 따라서 한국 근대건축의 시기는 개항기부터 해방 후 1960년대까지로 정의되는데,[**] 이 아카이브는 일제강점기, 한국전쟁, 그리고 군사정권기와 관련된 건축물들을 다루기 때문에 그 대상을 '1900년대 지어진 근현대 건축물'이라 표현하는 것이 정확할 것이다.

○ 이 책을 보는 방법은 두 가지로 제안하고 싶다. 하나는 굵직한 근현대사의 흐름을 따라 첫 페이지부터 차례로 건축물 이야기를 읽어 가는 방법, 그리고 뒤표지에 포함된 서울 지도 위에서 사라진 건축물들을 먼저 살펴보고 그중 흥미가 가는 것을 짚어 책의 중간중간을 오가며 읽는 방법이다. 후자의 경우, 지도에서 사용한 세 자리의 맵코드(예. C2[1], 알파벳-숫자-기호순)가 본문 쪽수로 연결되어 있다. 순차적으로 책을 읽는 경우에도 본문에서 맵코드를 찾아 뒤표지 안쪽의 지도로 이동해 그 위치를 확인할 수 있다.

근대건축과 함께 걷는 길   서울 중심가

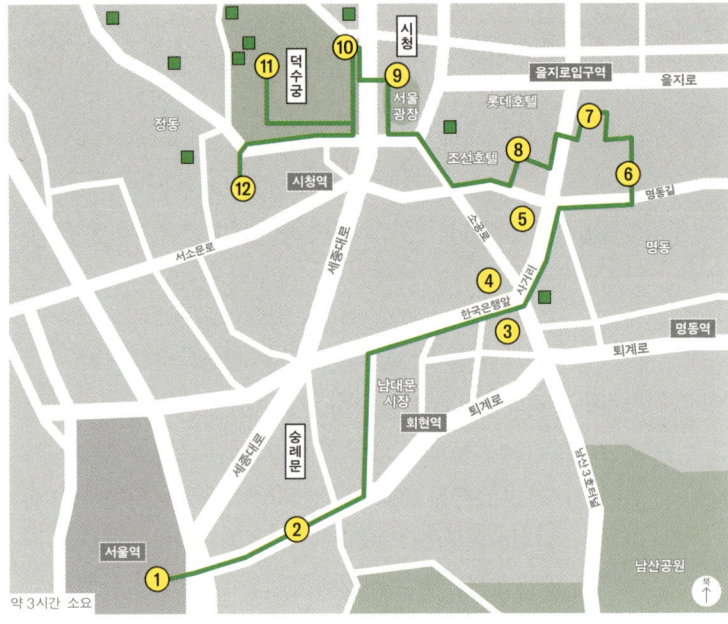

가장 오래된 기차역 건물 중 하나인 문화역서울284에서 출발해 서울 중심가 근대건축의 주요 장소들을 거쳐 덕수궁 부근까지 걷는 길이다.

① 문화역서울284는 20세기 초에 만들어져 경성역, 서울역으로 불리던 기차역사를 보존해 복합문화시설로 활용하고 있다. 공간투어 프로그램(60분)에 참여하면 건축물 내외부에 대한 자세한 설명을 들을 수 있다. 문화역을 나와 왼쪽으로 이동하면 1970년 건설된 자동차도로를 고가보행로로 탈바꿈한 ② 서울로7017이 보인다. 계단을 올라 회현역까지 이어지는 보행로를 따라 걸으면 자연스레 남대문시장으로 연결된다.

→127

→246

　　　시장을 통과하면 한국은행앞 사거리가 가까이 보인다. 사거리 주변에는 일제시대 지어진 근대건축물 여럿이 현존해 있는데, 내부에 들어가볼 수 있어 둘러보는 재미가 있다. 먼저 옛 조선은행 건물은 지금은 ④ 한국은행 화폐박물관으로 활용되고 있어 내부를 둘러보기 좋다.

→160

한국전쟁기 돔과 천장부에 피해를 입었지만 복구되어 오래도록 은행
건물로 사용되었고, 2001년 박물관으로 용도가 바뀌며 내부가 본래에
가깝게 복원되어 있으니 건물 전체를 천천히 둘러보기 좋다. 특히
중2층에 경성 시내를 미니어처로 재현한 전시장을 추천한다. 맞은편에는
미츠코시백화점으로 불리던 ③신세계백화점 본점 본관 건물이 있다. →146
당대부터 근대화된 도시를 대표하는 랜드마크로 유명했던 장소로
근대소설이나 영화에 배경으로 자주 등장하는 장소였다. 내부 인테리어는
현대화되었지만, 주출입구를 통해 들어가면 보이는 중앙 계단은 그대로
보존되어 있다. 본관 건물 옆에는 옛 조선저축은행 건물도 온전한 →142
모습으로 자리해 있다. 2025년 백화점으로 리모델링되지만 서울시
유형문화재이므로 옛 모습을 어느 정도 간직하게 된다.

지금 서울중앙우체국이 자리한 곳에는 식민시대부터 경성우편국 →121
건물이 자리해 있었다. 원래 건물은 한국전쟁기 폭격 피해를 입고
철거되어 흔적이 남아 있지 않지만, 서울중앙우체국 건물이 신축되어
있어 의미가 있다. 명동 방향으로 걸음을 옮기면 ⑤롯데영플라자가
보인다. 옛 조지야백화점 과거 사진과 현재 외관을 비교해 보면 외장재는 →147
바뀌었지만 골조는 동일한 건물인 것을 알 수 있다. 1970-80년대 불리던
미도파백화점이라는 이름으로 기억하는 이도 많다.

명동거리 중심에 위치한 ⑥명동예술극장은 해방전 명치좌로 →151
불리던 일본인 전용 문화시설이다. 건물 원형 그대로 잘 보존되었을 뿐
아니라, 용도도 극장으로서 오늘날까지 활용되고 있는 셈이다. 여기서
조금 이동하면 잘 보존된 또 하나의 건물을 만날 수 있다. ⑦한국전력공사
사옥은 전 경성전기회사 건물로 국가등록문화유산 제1호 건물이다. →122
운영시간 내 방문하면 1층 로비까지 들어가 볼 수 있으며, 오래된
인테리어 장식을 일부 감상할 수 있다.

롯데백화점 본점 뒤편으로 이동하면 ⑧주차장으로 이용되는 야외
공간이 있다. 이 자리는 옛 조선총독부 도서관이 있던 자리로 롯데호텔과 →123
백화점이 들어서면서 철거뇌었다. 수자상과 백화점 본점 사이, 야외공간에
도서관 자리임을 알리는 표지석이 남아 있다. 서울시청사 방면으로
이동하면, 지금은 옛 조선철도호텔 자리인 웨스틴조선호텔을 지나치게 →143
된다. 그 옆으로는 일제시대 철도호텔이 건설되며 헐린 대한제국기

환구단의 부속건물인 황궁우가 지금도 남아있어 들러 보면 좋다.
황궁우 정문을 통해 나왔다면 곧바로 서울광장이 보인다.
그 뒤로 자리한 옛 경성부청사 건물은 해방 후 서울시청사를 거쳐 →109
현재 ⑨ 서울도서관으로 활용되고 있어 내부를 들어가 찬찬히
둘러볼 수 있다. 3층에는 옛 시장실을 재현한 전시공간, 5층에는
옛 청사 흔적을 모아놓은 전시공간이 있다.

　　　길 건너편에는 ⑩ 서울도시건축전시관이 보인다. 이 자리에
있던 옛 조선총독부 체신국 분관 건물을 2015년 철거하면서 기둥 →129
하나를 해체하지 않고 남겼다. 전시관 건물의 옥상광장인 서울마루로
가면 남겨진 기둥을 발견할 수 있지만, 별도의 안내문은 없다.

　　　덕수궁 안으로 들어가 ⑪ 석조전 건물로 이동한다. 이곳은 →55
대한제국역사관으로 활용되고 있으니 온라인을 통해 관람 예약을
하고 방문하면 전문해설사와 함께 내부를 관람할 수 있다. 덕수궁을
나와 서울시립미술관 ⑫ 서소문 본관으로 이동한다. 일제강점기
사법청사로 쓰이던 건물로 미술관으로 용도를 변경하면서 건물 출입 →120
정면부인 파사드만 그대로 두고, 뒷면은 헐어 현대적인 전시 공간으로
신축하였다.

함께 둘러볼 만한 곳

- 서울도시건축전시관 오른쪽에는 옛 부민관 건물이었던 →145
  서울특별시의회가 있다. 옛 사진과 비교하면 같은 모습을 잘
  유지하고 있는 것을 알 수 있다. 최근 시계탑의 기둥 3면에 사라졌던
  시계를 원래 모습대로 복원하였다.
- 덕수궁 석조전을 나오면 오른쪽에 위치한 건물 또한 옛 이왕가미술관 →54
  건물로 현재 미술관으로 활용되고 있어 전시를 둘러보며 내부를
  관람할 수 있다. 석조전 건물 뒤편으로 이동하면 비교적 최근 개관한
  대한제국기 영빈관이었던 돈덕전 건물도 둘러볼 수 있다.
- 정동 일대에는 이 책에 수록되지 않은 근대 건축물들이 여럿
  남아 있다. 시간 여유가 있다면 옛 러시아 공사관 터, 신아기념관
  (옛 신아일보 별관), 배재학당역사박물관, 구세군역사박물관,
  이화여자고등학교 심슨기념관도 둘러보기 좋다.

남산

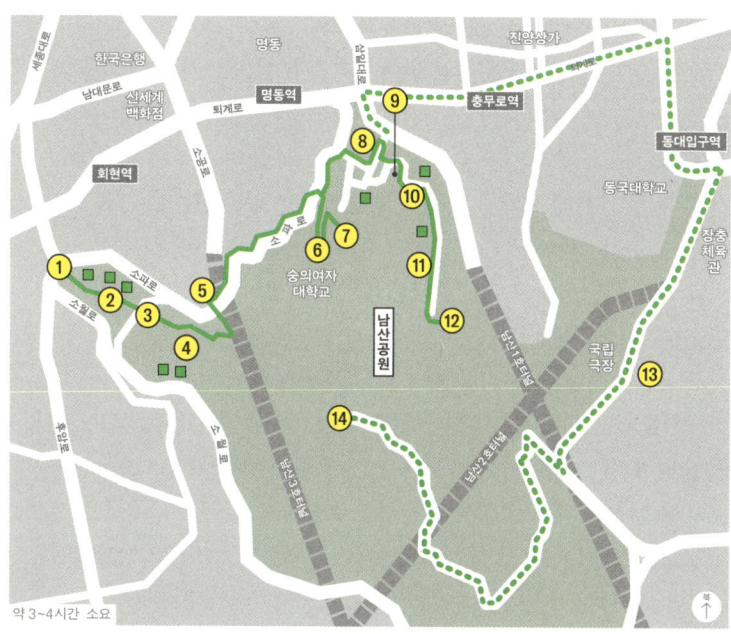

약 3~4시간 소요

(2025년 현재는 운영을 중지한) 옛 서울 힐튼호텔 앞에 위치한 ①남산공원 입구에서 출발하여 남산을 한바퀴 돌며 근현대 흔적들을 발견할 수 있는 경로이다. 서울시에서 조성한 '국치길'과 전체적 흐름이 같으니, 걷는 중간에 나타는 국치길 표시를 참고하면 좋다. 공원 입구 계단을 오르면 ②백범광장공원이 나온다. 일제강점기에는 조선신궁, 1980년대에는 남산공원이 자리했던 장소이다. →78

광장에서 정면에 보이는 계단을 오르면 왼편에는 흰색 둥근 돔천장이 인상적인 서울시 교육청 교육연구정보원 건물(옛 남산공원 어린이회관 건물, 1970년 건립)이 있고, 오른편에는 안중근의사기념관이 자리해 있다. 교육연구정보원 건물을 정면으로 바라보고 왼쪽으로 걸어가면 ③내려가는 계단이 보이는데, 이는 신궁을 해체하고 남은 →87 계단석을 재배치한 것으로 추정된다.

다시 광장에서 걸어 올라온 정면 방향으로 돌아와 조금 더 걸으면, ④한양도성유적 전시관이 나타난다. 조선시대 수도 한양을 두르고 있던 한양도성의 성벽 유적을 전시하고 있는데, 일부에는 조선신궁 배전 터도 함께 볼 수 있다. 배전 터 옆에는 남산공원 시절의 분수대도 남아 있어 과거 사진과 현재의 위치를 비교해 관찰하기 좋다.

→ 82
→ 206

이제 ⑤한양공원비를 찾아 5분 정도 걸어 보자. 대한제국기 남산에는 한양공원이 (신궁보다) 먼저 자리해 있었는데, 표지비석에 쓰인 글자는 고종의 친필 글씨라 전해진다. 사실 이 비석은 뒷면이 더 흥미롭다. 본래 새겨져 있던 글자를 정으로 쪼아놓은 듯 인위적으로 훼손한 흔적이 남아 있기 때문이다. 정확한 시점은 불분명하지만, 해방 이후 식민시대에 대한 한국민들의 악감정이 분출된 것으로 추측된다고 전해진다.

이어서 내리막길을 따라 걸으면 산 정상에 위치했던 조선신궁처럼 큰 규모는 아니었지만 작은 신사들의 흔적을 볼 수 있다. ⑥숭의여자대학교 본관 앞에서는 경성신사의 흔적을, 그리고 근처 ⑦남산원 내 노기신사의 흔적을 둘러볼 수 있다. 이 두 곳은 국치길에 포함되는 장소들이니 걸어서 내부를 둘러보아도 괜찮다.

→ 88
→ 89

다시 내려가던 길로 걸으면 ⑧남산예장공원이 나타난다. 과거 이 자리에 있던 총독부 관저 터가 지상에 보이고, 그 옆으로는 빨간색 둥근 건물이 눈에 띈다. 이 기억6 전시관은 옛 중앙정보부 6국을 철거하면서 전시 공간으로 꾸며놓은 장소인데 지하 취조실을 재현해 놓았다.

→ 283

예장공원 내 '남산위에저소나무오솔길'을 따라걸으면 ⑨기억의 터로 편하게 걸을 수 있다. 이곳은 식민시대 조선총독부 통감관저 터가 있던 곳으로 표지석과 함께 '거꾸로 세운 동상'이 있다. 그 주변으로는 일본군 위안부를 기리는 '기억의 터'가 조성되어 있다. 1970-80년대 같은 자리에 중앙정보부 제1별관이 있었지만 철거된 장소이기도 하다.

→ 284

기억의 터에 보이는 계단을 오르면 ⑩서울유스호스텔이 나타난다. 정문 입구로 이동하면 안내표지판에서 이전에 중앙정보부 본청 건물으로 쓰이던 이야기를 읽을 수 있다. 호스텔 앞에 위치한

→ 282

서울종합방재센터 또한 과거에는 지하에 숨겨져 있던 중앙정보부 →283
제6별관으로 내려가는 입구였다.
      왼쪽으로 난 길을 마저 걸으면 과거 중정부 직원들이 사용했던
체육관 건물을 리노베이션한 남산 XR스튜디오가 보이고, 그 뒤로는 →285
⑪소릿길 터널이 나온다. 시작점 근처에 있는 소릿길 버튼을 누르면
터널을 걷는 동안 중앙정보부 시절 남산 일대에서 고문받았던 사람들이
기억에서 추출한 소리들을 재구성한 오디오가 재생된다. 터널 끝에는
예전 중앙정보부 제5별관이었던 ⑫서울시중부공원여가센터가 보인다. →282
여기에서 걷는 여행을 마무리해도 충분하지만, 시간 여유가 있다면
다시 예장공원 버스환승주차장으로 돌아가 남산순환버스(해치버스
01A 또는 01B)를 타고 ⑭서울타워까지 이동하여 서울 시내를
조망하고 여정을 마무리하는 것도 좋다. 만약 ⑬자유센터에 관심이 →226
있다면 버스로 이동중 '국립극장 정류장'에서 잠깐 내려 건물 안과
밖을 둘러볼 수도 있다.

함께 둘러볼 만한 곳
- 백범광장공원과 남산도서관 인근에는 여러 위인들의 동상이 모여있다. 잘 살펴보면 '백범김구 동상' '이시영선생 동상' '김유신장군 동상' '안중근의사 동상' '퇴계이황 동상' '다산정약용 동상'을 찾을 수 있다.
- 예장공원에서 남산 방향을 바라볼 때 보이는 서울소방재난본부 건물 또한 과거 중앙정보부 사무동으로 쓰였던 건물이다. 그 건물 왼편으로 이동하면 '문학의집'과 '산림문학관'이 보인다. 각각 과거 중앙정보부 국장이 머물던 공관과 그 부대시설이라는 안내문을 발견할 수 있다.

1장   지워진 건축,
     일제 식민시대

1910 — 1945

1996년 옛 조선총독부 청사를 철거 중인 모습.

"내 동네 명물: 옥인동 송석원", 「동아일보」, 1924.7.21.

독일식을 본떠서 별별 사치를 다한
집이라 궁궐도 못 따르겠지요.
그런데 어린아이라도 이 집은 악마떼가
얼어붙은 것처럼 흉하게 보아서 저 집
참 좋다고 부러워하지 않습니다.
더구나 뾰족한 지붕을 어찌 밉게
보았던지 이 집 위에 있는 피뢰침만
보아도 만 가지 궁흉한 수단이
그리로 솟아오를 것같이 한답니다.

영화 「서울의 휴일」 속 철거되기 전 온전한 모습의 '송석원'이다. 지금의 경복궁 서쪽, 서촌 옥인동에 자리했던 송석원은 '벽수산장' 또는 '윤덕영 별장'이라고도 불렸다. 구한말, 친일파였던 윤덕영이 당시 조선의 궁궐보다 더 호화스러운 이 별장을 지어 권력을 과시하였는데, 그런 이유로 당대 조선인들에게 질타의 대상이 되었다. 1940-1950년대에는 여러 차례 소유자가 바뀌었고, 1960년대 화재로 인해 부분적으로 손상되었다. 그리고 1973년에 도로정비사업의 일환으로 완전히 철거되었다.

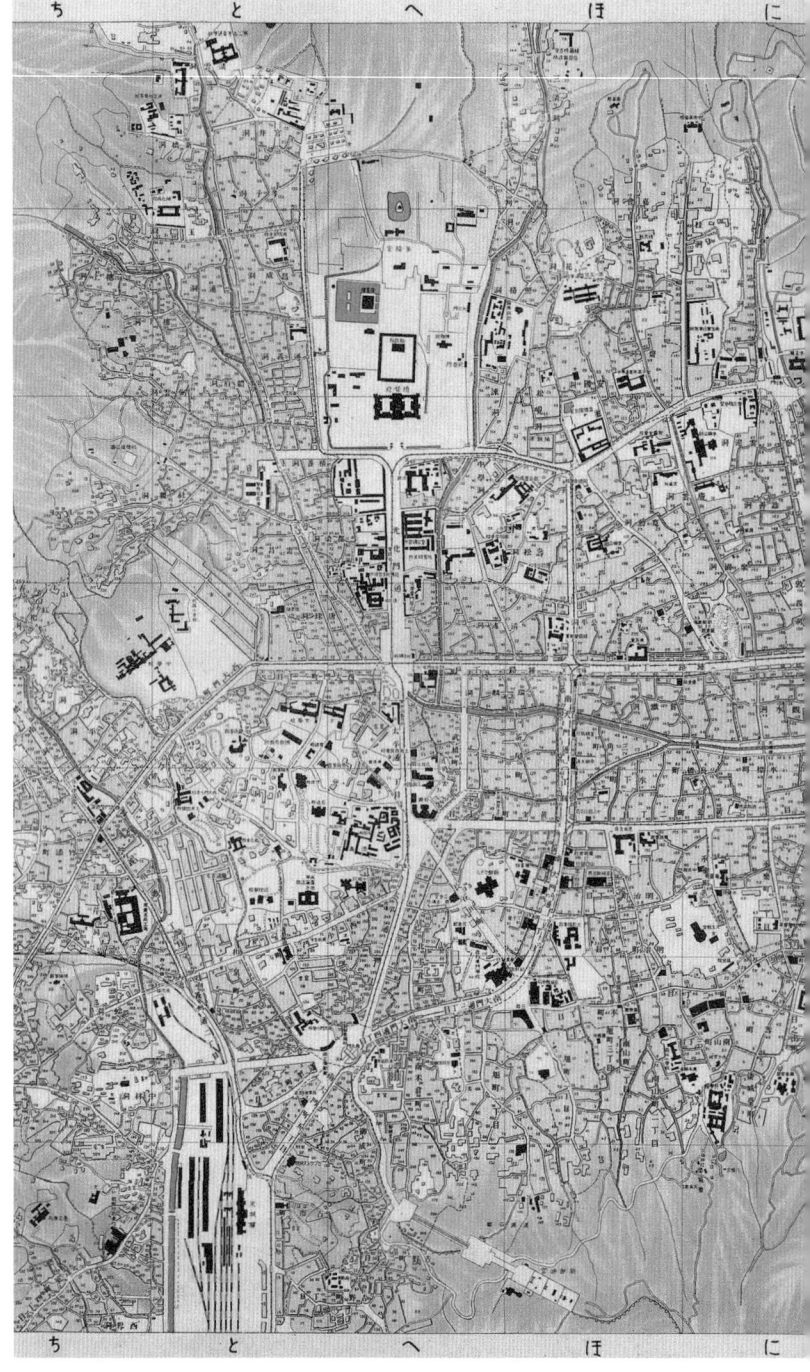

'게이조' 시기 건물의 명암

1910년 일본이 500년 이상 존속해 온 조선 왕조를 계승한 대한제국을 멸망시키고 한반도를 식민지화했다. 이후 대한제국의 수도 한성은 일본제국 식민지의 수도 '게이조(경성)'로 이름이 바뀌고 근대화라는 명목하에 도시 곳곳이 빠르게 변화했다. 이 시기 동안 일본은 강압적인 민족동화 정책을 시행했는데, 예를 들면 일본식 이름으로의 창씨개명, 일본의 토착 종교인 신도(神道)의 종교행위인 신사참배 강요, 한국어와 문화적 습관 모두를 제한하는 법 제정 등과 같이 한국인의 민족적 정체성을 개조하는 데 그 목적을 두었다. 이러한 탄압정책들은 한국민 전반에 깔려 있었던 기존의 반일 감정을 더 강화시켰고 이는 해방 후에도 지속되었다. 지금도 한국인 강제징용에 대한 일본의 배상 문제, 2차 세계대전 당시 한국인 위안부 성노예 문제, 극우 일본 민족주의자들의 현대사 왜곡 등의 문제들로 양국 관계는 꼬여 있다.

   이번 장에서는 일제강점기 동안 식민 정부가 지은 건축물들에 대한 정보를 수집했다. 수집 대상이 된 건물군은 1) 식민 정부의 관공서 건물: 조선총독부 청사, 경성부청, 경성우편국, 철도국, 군부대 시설 등 2) 종교시설: 남산에 있었던 신궁과 신사 부속 건축물들 3) 일본 자본에 의해 들어선 금융시설: 조선은행, 일본계 은행 건축물들, 동양척식주식회사, 일본생명보험 등 4) 교육시설: 경성제국대학 5) 상업시설: 호텔, 백화점과 극장들이다. 이 건축물들의 흔적을 지금의 서울에서 찾기란 쉽지 않은데, 이는 근대 건축물에 대한 연구와 기록화 작업이 본격화된 2000년대 이전에 철거되어 사라졌기 때문이다.

1 1933년 제작된 경성시가도의 일부분.

다음 표는 식민정부가 건설한 건축물들이 상대적으로 쉽게 우선적 철거 대상이 되었다는 결과를 보여 준다. 비교 대상이 된 다른 건축물들은 비슷한 시기에 일본을 제외한 외국 정부나 선교사, 또는 한국인이 지은 것들로 오늘날 우리가 서울에서 찾아볼 수 있는 근대 건축물들은 대부분 이 건물군에 속한다. 식민시대 건축물들이 지어진 지 이제 100년이 넘어가다 보니 노후화되어 철거되었다는 것은 표면적 이유가 아닐까 의심해 볼 만하지 않은가. 같은 시기에 지어진 다른 건축물(주로 공사관이나 종교·교육 시설)은 원형이 보존되어 여전히 기능을 하고 있다는 점을 고려할 때, '낡았음에도 불구하고 보호되어야 할 당위성'의 측면에서 두 건물군의 운명이 달라진 건 아닐까.

표. 일본 식민정부의 건축물과 (왼쪽) 같은 시기에 지어진 다른 건축물 그룹 (오른쪽)　　■ 철거됨
　　■ 현존

건축연도	건물명		건축연도	건물명
1906	왜성대 총독관저		1890	러시아 공사관
1907	왜성대 조선총독부		1890	영국 공사관 현 주한영국대사관
1909	용산 총독관저		1892	용산신학교 현 성심기념관
1910	경기도청사		1898	명동성당
1911	동양척식주식회사		1904	세브란스 병원
1915	경성우편국		1905	옛 벨기에 영사관 현 서울시립 남서울미술관
1915	총독부 박물관		1907	대한의원 본관 현 서울대학교 의학박물관
1920s	경성중앙전화국		1909	대한천일은행(광통관) 현 우리은행 종로점
1922	경성주식현물취인소		1910	덕수궁 석조전 현 덕수궁 대한제국역사관
1923	총독부 도서관		1915	이화학당 심슨 기념관 현 이화여고 소재
1925	경성역 현 문화역서울 284		1916	배재학당 동관 현 배재학당역사박물관
1926	조선총독부		1920	연희전문학교 스팀슨관 현 연세대학교 소재
1926	경성부청 현 서울시청 도서관		1921	천도교 중앙대교당
1926	경성방송국		1925	연희전문학교 언더우드홀 현 연세대학교 소재
1928	경성재판소 현 서울시립미술관		1926	동아일보 사옥 현 일민미술관
1928	경성전기주식회사 현 한국전력공사 본사		1926	대한성공회 서울주교좌 대성당
1936	경성소방서		1928	구세군 중앙회관 현 정동1928 아트센터
1937	총독부 체신국		1934	보성전문학교 본관 현 고려대학교 본관
1938	이왕가 미술관(서관) 현 국립현대미술관 덕수궁 분관		1935	이화학당 파이퍼홀 현 이화여자대학교 소재
1939	총독부 미술관		1937	중앙고등학교 본관

왜성대 통감관저 | 왜성대 조선총독부 | 용산 총독관저 | 경기도청사

동양척식주식회사 | 경성우편국 | 총독부 박물관 | 경성중앙전화국

경성주식현물취인소 | 총독부 도서관 | 경성역 | 조선총독부

경성부청 | 경성방송국 | 경성재판소 | 경성전기주식회사

경성소방서 | 총독부 체신국 | 이왕가 미술관(서관) | 총독부 미술관

사진 출처: 서울역사박물관, 문화재청, 대한민국역사박물관, 박고운

54

러시아 공사관

영국 공사관

융희신학교

명동성당

세브란스 병원

옛 벨기에 영사관

대한의원 본관

대한천일은행 (광통관)

덕수궁 석조전

이화학당 심슨 기념관

배재학당 동관

연희전문학교 스팀슨관

천도교 중앙대교당

연희전문학교 언더우드홀

동아일보 사옥

대한성공회 서울주교좌 대성당

구세군 중앙회관

보성전문학교 본관

이화학당 파이퍼홀

중앙고등학교 본관

55

조선총독부 청사 연대기

일제 식민시대와 식민정부를 대표하는 가장 상징적인 건축물이었던 조선총독부 청사는 1926년에 지어져 1996년에 철거될 때까지 오늘날의 서울 경복궁 안에 자리해 있었다. 본래 궁의 정문이었던 광화문의 자리를 옮기고 지어진 이 건축물은 조선 왕이 정무를 보던 공간인 근정전에서 남쪽(지금의 광화문 방향)을 바라보는 시야를 가로막는 위치에 위압적인 스케일로 지어졌다. 4 이 이국적인 신고전주의(Neo-Classicism)양식의 육중한 석조 건축물은 당시 높은 건축물들이 흔하지 않았던 경성 어디에서든 시야에 걸릴 수밖에 없을 만큼 그 존재감이 컸다. 옛 한양의 중심이었던 조선 왕궁을 가로막아 조선인들의 시야에서 완전히 지워 냄으로써 1920년대를 살았던 조선인들은 마침내 새로운 식민시대가 이 땅에 정착하였음을 실감하게 되었다.

35년간의 식민시대가 지나고 대한민국 정부가 수립되던 1948년 이승만 초대 대통령 시기부터 곧바로 치욕의 과거사를 대표하는 총독부 건물 철거를 둘러싼 찬반 논쟁이 시작되었다.※ 그러나 해방 직후 그리고 전쟁 이후 복구 작업만으로도 버거웠을 당시 한국의 상황 속에서 그만한 규모의 '쓸모가 있는' 건축물을 철거해 버리기는 아쉬운 상황이었을 것이다. 총독부 청사에 대한 당대 여론이 좋지 않았음에도 이 건물에서 이승만 대통령이 취임하고 대한민국 정부 수립 선포식을 한 것을 보면, 그때만 해도 새로운 나라의 권위를 대표할 만한 장소에 대한 다른 선택지가 많지 않았음을 짐작할 수 있다. 더불어 당시에는 그 엄청난 규모의 석조건물을 해체할 기술이 국내에 없었고, 만약에 하더라도 그 천문학적 비용이 부담스러웠기에 철거라는 결정을 보류하는 것은 당연했을지 모른다.

2

2 조선총독부 청사는 독일인 건축가 게오르크 데 랄란데(George de Lalande)가 건축 당시인 1920년대 일본에서 유행하던 신고전주의 양식으로 설계했다. 타이완에 있던 일본의 식민정부 청사와 비교해도 규모가 훨씬 컸을 뿐더러 동아시아의 다른 일본 식민정부 산하 건축물들 중에서도 가장 컸다.

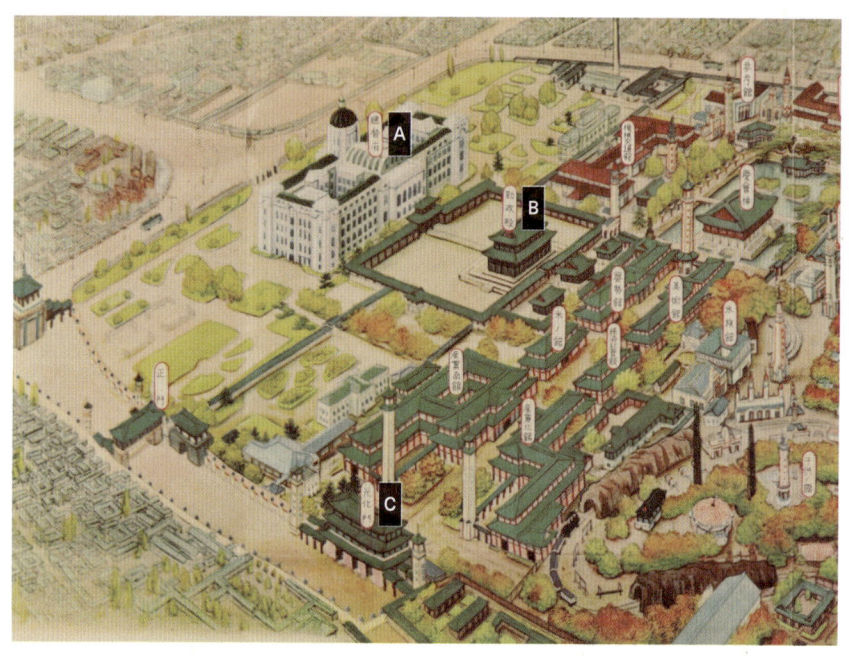

3   1929년 경복궁 안에서 개최된 조선박람회의 조감도 중 일부. 근정전(B)에서 남쪽을 바라보는 방향에 거대한 총독부 청사 건물(A)이 가로막고 서 있다. 원래 총독부 위치에 있었던 광화문은 C 위치로 이동된 것을 확인할 수 있다.

4

4   일제강점기 경복궁 근정전(B)에서 지금의 광화문광장 방향을 바라본 모습. 근정문 앞을 거대한 총독부 건물이 가로막고 있다. 조선시대 궁궐 앞 육조거리(현 세종대로)는 의정부를 비롯해 6개 중앙관청이 위치해 있는 전통적인 정치 중심가였다. 궁궐과 육조거리 사이를 관통해 지어진 식민정부 청사 건물은 그 존재 자체로 무언의 메시지를 담고 있었다.

이후로도 철거 논쟁은 꾸준히 이어졌는데, 시민들 사이에서 찬반토론이 본격화된 시기는 김영삼 대통령이 취임한 이후이다. 김영삼 대통령은 '신한국 창조'를 기치로 내세우며 1992년 12월 당선되었는데 군부 이후 첫 문민정부였던 만큼 새로운 한국과 민족주의 고취가 최우선 과제였다. 이 정부가 발표한 '서울 600년 사업계획'은 이러한 배경에서 기획되었고, 그 사업의 첫 번째 과업이 바로 경복궁 복원과 옛 총독부 청사 철거였다. ⊞ '새로운 한국'을 정의하기에 앞서 이전의 군정시대와 식민시대를 어떻게든 정의 내리고 구분 지어 차별화를 해야 했던 시점이었던 것이다. 개혁적인 새 정부의 발표는 시대의 변화를 원했던 시민들의 지지를 얻었고, 부끄러운 식민 과거사의 잔재인 옛 조선총독부 청사 역시 철거되는 것이 옳다는 여론이 당시 훨씬 더 우세했다. 6 결국 김 대통령은 (건축물 이전을 주장하던 건축가들의 반대에도 불구하고) 1995년 광복 50주년을 기념해 대규모 철거 행사를 거행했고 이는 전국에 TV로 생중계되었다. 7

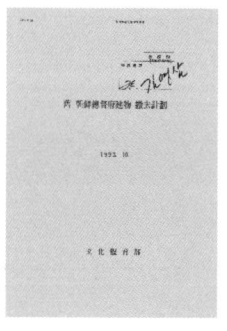

5

5   왼쪽은 1992년 김영삼의 대통령 선거 포스터. 공식 슬로건은 '新한국 창조'였다. 오른쪽은 대통령 기록물인 「구 조선총독부 청사 철거 계획」(1993). 문화체육관광부가 1993년 10월 김 대통령에게 보고한 철거 계획서다. 계획서에서 밝힌 철거 사유는 "철거를 통한 민족적 정체성과 자긍심 고취 그리고 경복궁을 본래 모습으로 복구"한다는 것이다.

철거 작업은 이후 1년간 이어졌다. 그런데 총독부 건물 철거 전후로 수년간 치열하게 공론화되었던 찬반논쟁은 일제강점기 건축물에 대한 재인식을 일으켰다. 결과적으로 식민 유산들을 철거해 지워 버리는 것이 아닌 부정적인 과거사를 스스로 증언하도록 다른 차원으로 활용하는 방법에 대한 연구가 필요하다는 의견들이 국내 건축가들을 중심으로 형성되는 계기가 되었다. 이러한 움직임은 2001년 문화재보호법 개정을 통해 등록문화재 제도가 생겨나도록 하는 데 기여해, 비로소 19세기 말 이후의 근대문화유산도 보존의 가치가 있다면 지정문화재로서 보호를 받을 수 있게 되었다. 하지만 식민시대 대다수의 건축물들은 제도가 생긴 2000년대 이전에 제대로 기록화되지 못하고 이미 철거가 된 터라 그 흔적을 찾기 힘들다는 점에서 아쉬움이 남는다. 우리는 여전히 이 건축물들을 부를 때, 적산(敵産: 적국의 재산)이나 일제의 잔재(殘滓: 남은 찌꺼기)라고 부른다. 부르는 이름부터 어느 정도 우리의 부정적 인식을 담고 있고, 지워져야 하는 것들이라는 뉘앙스를 풍기고 있다.

6

6   1991년 방송된 MBC 「여론광장」 '옛 조선총독부 철거냐 보존이냐' 편의 장면들로, 당시 철거 찬반토론에서 건축분야 전문가들은 대부분 건물을 보존해야 한다는 의견이었으나, 대다수의 시민 여론은 그에 부정적이었다. 이는 식민시대 유산에 대한 일반 시민의 인식을 알 수 있는 흥미로운 자료다. 1991년 6월 13일 「KBS뉴스」에 방송된 '총독부 건물 철거에 관한 여론조사'를 보면 70퍼센트 이상의 시민들이 완전 철거 또는 건축물 이전에 찬성한다고 응답했다. 건축물의 건축학적·역사적 가치보다는 과거사 청산을 통한 심리적 보상이 더 우선시되었던 당시 여론을 살펴볼 수 있다. 오늘날 같은 주제의 여론조사를 한다면 어떨까. 부정적 유산에 대한 우리의 인식에 변화가 있을까.

7

7   위는 1995년 8월 15일 '광복50년 통일로 미래로' 기념 행사의 한 장면. 오전 9시 20분경, 건물의 중앙돔 첨탑이 해체되어 분리되는 모습이 TV로 생중계되었는데 그 시청률은 28.5퍼센트로 역대 광복절 경축식 중 가장 높았다.

오른쪽은 철거에 앞서 1995년 3월 1일 옛 총독부 건물 철거를 공식 선포한 '광복 50주년 3.1절 기념문화축제'의 한 장면이다. 건물 철거를 공표하는 행사가 따로 기획될 정도로 사회적 관심이 집중된 사안이었던 것을 짐작할 수 있다.

1926 – 1945

조선총독부 건물은 1926년부터 1945년까지 일본 식민정부의 중추적 기능을 하는 기관 건물로 사용되었다. 그것은 경복궁 내 근정문 앞에 건축되었으며 서울 시내 전체를 내려다보는 위압적인 형태의 석조 건축물이었다. (건물 완공 전인 1925년 촬영 사진)

1945

1945년 우리 국민은 일제로부터 독립했지만, 이후 서울을 포함한 38선 이남의 영역은 미군정의 통치를 받게 된다. 이때 이 건물은 서울중앙청으로 불리며 중심적인 역할을 했다.

1948

1948년 대한민국 정부가 수립된 이후, 이 건축물은 국회 건물로 사용되었다. 사진은 같은 해 8월 15일 정부수립 선포식의 모습이다.

1950

한국전쟁 동안 일시적으로 북한인민군에게 점령되어 사용되었고, 여러 차례의 서울수복 전투를 거치며 방화 피해를 입어 전체적으로 그을리고 손상되었다.

1960 – 1980년대

박정희 정권 동안 건물은 대부분 정부청으로 사용되었다. 1986년부터는 용도가 바뀌어 국립중앙박물관으로 활용되었다.

1995

식민 과거사 청산을 목적으로 1993년 최종적으로
옛 총독부 건물의 철거가 결정되었다. 1995년
광복 50주년 행사와 더불어 철거가 시작되어
1년간 공사가 진행되었다.

1998 철거 이후 건물의 최상단 돔 부분과 몇몇 기둥, 그리고 장식 부분들이 해체되어 천안 독립기념관 외부 공원으로 옮겨졌다. 이 공간은 철거 그 자체를 기념하기 위한 공원이라고 안내되어 있으며, 현재까지 의도적으로 방치되어 있다.

2010 - 현재

한편 옛 총독부 청사 철거와 함께 진행된 '경복궁 복원사업'을 통해 광화문은 원래의 자리로 옮겨져 복원되었다.

서울 남산 정상에 위치해 있던 조선신궁의 참도 입구.

그날은 10월 15일, 조선신궁에서 신들을 모시는 날 행사가 있었다. 일본인과 조선인 모두 남산 돌계단을 올라 조선신궁에 참배를 하러 방문했다. 하지만 신궁의 배전(拜殿) 앞에 가면 일본인들은 모자를 벗고 머리를 조아리지만, 조선인들은 휙 돌아서서 집으로 돌아가 버린다. 나는 한 시간 넘게 배전 앞에 서 있었다. 하지만 조선인은 그 누구도 배례(拜禮)하는 이가 없었다.

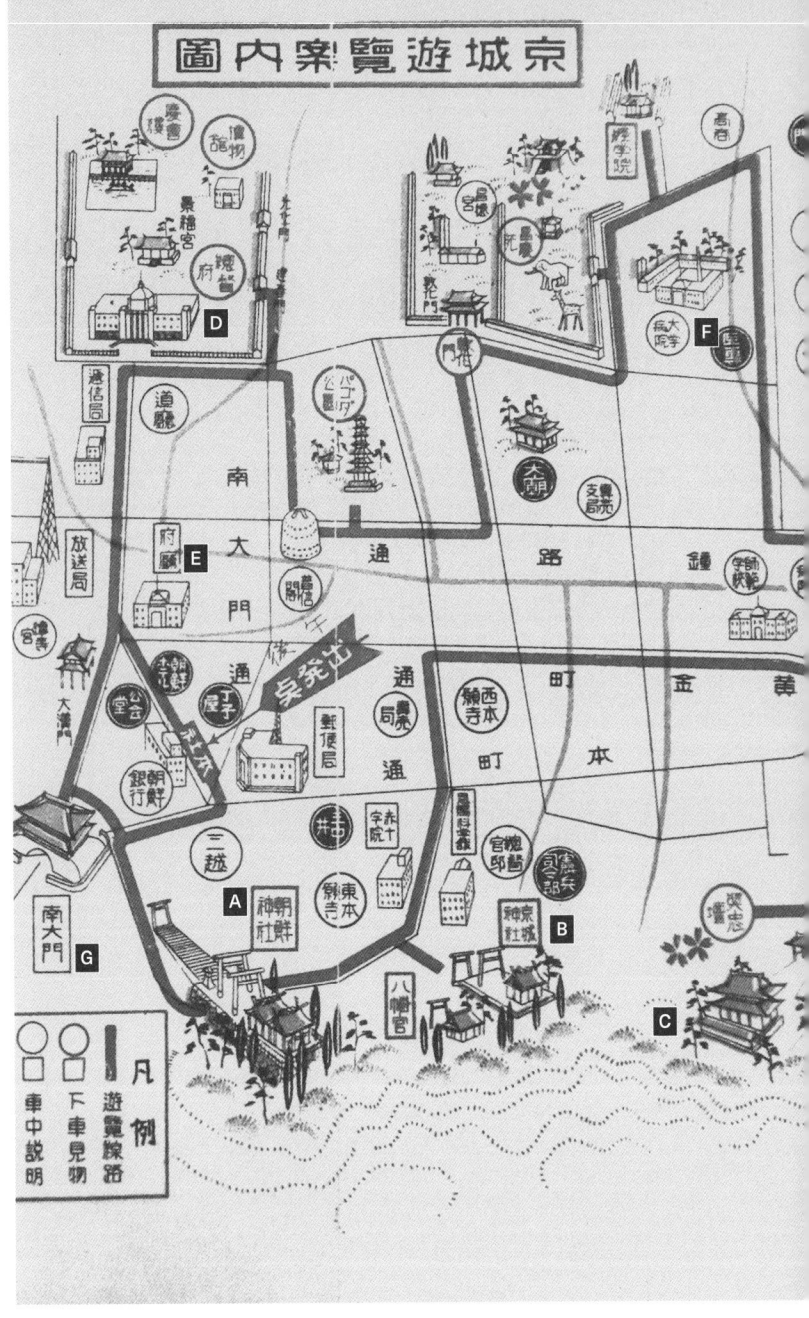

조선신궁과 신사들

1910년대부터 일제는 점차 동화정책을 확장하여 조선의 문화를 지워 가기 시작했는데, 그들의 궁극적인 목적은 한국인이 일본인과 같은 사고방식을 갖도록 개조하는 것이었다. 개항 이후로 일본인들이 모여 사는 거주지 근처에는 일본의 토착종교인 신도의 종교시설인 신사가 건설되기 시작하였고, 이 건축물들은 1920년대 초까지는 한국인들에겐 단순히 낯선 이민족의 종교시설로만 느껴졌던 것으로 보인다. 그러다 중일전쟁이 격화된 이후 더 많은 수의 젊은 한국인 징집을 목적으로 민족동화 정책이 보다 강압적으로 변화하게 되었다. 1925년부터는 학생들의 신사 참배가 강제되었고, 1935년에는 대학생과 공무원까지 그 대상에 포함되었는데, 해방 전까지 전국에 세워진 신사의 수는 무려 1,400여 개에 이른다.[*]

8 1920년대 제작된 경성유람안내도. 경성 시내를 돌던 전차의 정류장을 표시한 안내지도이다. 그림 하단부에서 남산 주변에 위치했던 주요 신사를 확인할 수 있다.
A) 조선신궁, B) 경성신사, 이 지도가 제작된 후에는 바로 옆에 노기신사도 건축되었다. C) 박문사, D) 조선총독부 청사와 경복궁, E) 경성부청(현 서울시청 도서관), F) 경성제국대학 (현 서울대학교 의과대학 캠퍼스), G) 남대문, 전차의 출발지는 조선은행과 우편국 앞 (오늘날 한국은행 화폐박물관 앞)이었다.

경성에서는 주요한 신사 건축물들이 남산 위에 세워졌다. 이는 먼저 일본인 거주 지역인 본정 (本町, 충무로 일대를 일컬음)과 가깝기 때문이었고, 또한 남산이 경성 시내 어디에서든 올려다 보인다는 상징성 때문이기도 했다. 1890년대까지는 남산에 오르면 조선의 왕궁인 경복궁이 들여다보인다는 이유로 그 어느 건축물도 들어설 수 없었다. 하지만 개항 이후 일본인들에 의해 신사 종교시설들이 차례로 들어섰다. 식민 지배를 받는 35년의 기간 동안 남산에만 5개의 신사가 지어졌는데, 일본의 왕과 신들이 산 정상에서 식민지 경성을 내려다보며 항시 감시하고 지배하고 있음을 의도한 연출일지 모른다. 5개의 신사 중에서도 가장 권위 있었던 것은 1925년 남산 최정상에 건설된 조선신궁이었다.

9

"남산に 上がって
가만히 座って
장안을 眺めると
가슴이 답답하단 말야."

남산에 올라서 가만히 앉아 시내를 내려다보면 가슴이 답답하다.

9   일제시대 독립운동가이자 보성전문학교의 법학교수였던 김병로(1888-1964)가 수업 중에 했다고 전해지는 말이다. 식민시대를 살아가던 지식인의 시각에서 일본 신사들이 지어지며 여기저기 깎이고 헤쳐진 남산에 올라 경성 시내를 바라보니 답답한 마음이 든다는 심경을 표현했다. 일선동화 정책의 일환으로 당시 일제는 한국어 사용을 제한했다. 이 글로써 한국인들이 말을 할 때 자연스럽게 우리말을 일본어와 섞어 사용했던 모습을 상상해 볼 수 있다.

10　조선신궁이 완공된 직후 촬영된 사진이다. 제복을 입은 헌병과 검은 양식 정장을 입은 일본인, 흰색 한복을 입은 한국인들이 한눈에 대비되어 보인다. 조선신궁의 정문에서 시작되는 이 가파른 돌계단은 명동 초입에서 남산 꼭대기까지 연결되어 있었다. 참배객들은 360여 개의 돌계단을 올라야만 산 정상의 신사에 이를 수 있었다.

11 1920년대 남산 정상의 조선신궁 모습.
현재 이 자리에는 남산 백범광장이 있다.
사진에 보이는 긴 돌계단이 지금도 남산에
남아 있는 조선신궁의 유일한 흔적이다.
(『조선지풍광』, 1922)

12

일본의 창조신 아마테라스 오미카미(天照大神)와 일왕을 위해 웅장한 규모로 지어진 이 신궁은 총면적 43만 제곱미터에 총 15개의 부속건물들로 이루어져 있었지만, 현재는 건축물에 관한 그 어떤 흔적도 찾아볼 수 없다. 광복 다음 날, 일본인들은 서둘러 '신들을 하늘로 올려 보내는 의식'을 행하였고 주요한 건축 부속물을 수거하여 일본으로 옮겼다고 전해진다. 그 외 남아 있던 것들은 한국인들이 불태우고 파괴했다. 이 모든 과정은 일왕이 라디오를 통해 2차 세계대전의 패배를 인정한 날로부터 고작 2-3일이 걸렸다고 한다.✽

    오늘날 서울에 살고 있는 사람들은 불과 100년 전 남산 위에 이렇게나 거대한 규모의 일본 신사가 여러 채 있었다는 것을 상상하기 힘들다. 남산이 서울을 대표하는 관광지로 변화해 온 과정에서 얼마 없던 그것들의 흔적이 대부분 사라졌기 때문이다. 남산에 있던 5개의 신사 중, 일부 잔존물을 발견할 수는 있는데, 방치되어 온 기간이 길고 또 사유지로 바뀐 장소들이 있어 앞으로 희미한 흔적이나마 남을는지 알 수 없다. 지금도 찾아볼 수 있는 흔적들로는 현재 리라초등학교와 숭의여대 부지로 바뀐 '경성신사' 17 와 '노기신사' 18 의 건물 기둥 돌받침대, 돌수조가 있으며, 현재는 후암동 108계단으로 불리는 본래 '경성호국신사'의 입구 돌계단, 마지막은 신라호텔 부지 내에 있는 긴 돌계단으로 과거 '박문사' 19 의 입구 계단이 있다. 이 계단들은 오늘도 많은 주민들이 오가며 이용하고 있지만, 정작 이것이 언제 왜 생겼는지를 기억하는 사람은 얼마 안 된다. 그저 과거의 이야기를 조용히 품고 남산 자락 위에 흩어져 있다.

12   [위] 1925년에 촬영된 남산 정상의 조선신궁. [가운데] 1952년 촬영된 남산 정상. [아래] 남산은 1960년대에 시민을 위한 공원으로 조성되었고, 그 이후 서울의 인기 있는 관광명소가 되었다. 사진 속 야외음악당과 식물원은 모두 사라져 현재는 남아 있지 않다.

13

14

15

16

13 1930년 경성부에서 제작한 증정용 사진엽서 세트의 일부. 왼쪽에는 경성의 전경 사진이 오른쪽에는 조선신궁의 사진이 실렸다.

14 반원 모양 안에 조선신궁 배전의 사진이 인쇄된 엽서이다. 배전 뒤에 남산 잠두봉이 함께 찍혔다. 우측 상단에는 '襟を正して(옷깃을 여미다)'라는 문구가 쓰여 있다.

15 조선신궁 본전 입구와 중앙광장의 모습을 담은 사진엽서이다. 하단에 '조선명소, 관폐대사 조선신궁'이라는 문구가 적혀 있다.

16 펜화 스케치로 그려진 '경성의 근대미' 엽서 세트 중 하나이다. 사진13과 같은 방향을 바라본 조선신궁의 본전 모습과 조선의 풍속을 스케치로 담았다.

17

18

17 경성신사의 모습이 담긴 사진엽서.
18 경성신사 (아래)와 노기신사 (위)의 모습이 담긴 사진엽서.
19 펜화 스케치로 그려진 '경성의 근대미' 엽서 중 하나이다. 박문사 본전의 정면 모습이 실려 있다.
20 박문사 본전의 측면 사진이 실린 엽서.

21

21 [위] 1920년대 촬영된 조선신궁의 정문.
[아래] 1948년 1월 촬영된 같은 장소.
신사의 정문인 도리이는 해방 후 철거되었고,
참배길인 돌계단은 겨울 동안 시민들이
썰매를 타는 용도로 사용되었다.

22 오늘날 서울특별시교육청 과학전시관
남산분관 옆에 있는 긴 돌계단이 사진21에서 보이는
계단의 일부라고 추측하는 사람들이 있다. 실제로
같은 돌계단이라면, 1960년대 이후 남산공원을
조성하면서, 위치가 옮겨져 재배치된 것으로 보인다.

22

D9①

경성신사
1898-1945

F9②

1898년 남산대신궁으로 창건되었고, 1916년 경성신사로 개칭했다. 해방 이후 해체되었으며, 철거된 자리에는 단군성조묘가 세워졌다가 현재는 숭의여자대학교가 들어서 있다. 교내에서 볼 수 있는 기둥의 받침돌들이 유일하게 남아 있는 신사의 흔적이다.

노기신사

1934–1979

F8 ③

경성신사 근처에 위치했던 노기(乃木)신사는 '내목신사'로도 불렸다. 해방 후, 1970년대까지도 건물의 일부가 남아 있었던 것으로 추정되는데, 1979년 화재로 그마저 모두 사라졌다. 과거 신사 입구에서 손을 씻어 정화하는 용도로 설치되었던 돌로 만든 수조와 석등 받침 등이 현 남산원 복지 시설 내에 남아 있다.

경성호국신사

1943-1950년대

K1④

일제로부터 독립하기 불과 2년 전에 지어진 신사이기에 사진자료와 정보가 가장 적다. 현재로선 그 위치마저 정확하게 유추하기 힘든데 현 용산구 보성여자고등학교 부근에 위치했던 것으로 추정된다. 현재 '후암동 108계단'으로 불리는 돌계단은 과거 신사 입구에 있었던 것으로 유일하게 남은 경성호국신사의 흔적이다.

박문사

1931-1948

K9⑤

초대통감 이토 히로부미(伊藤博文)의 이름을 딴 사찰로 지금의 장충단 체육관과 장충동 신라호텔 자리에 있었다. 사찰은 대한민국 정부수립 이후 철거되었고, 신라호텔 내 돌계단만이 유일한 사찰의 흔적으로 남아 있다.

얼마 전만 하더라도 여기
반도호텔 안은 한국 내에서의
異邦地帶(이방지대) 같았다.
드나드는 손이 이방인이라는
것은 고사하고 茶(다) 한 잔에도
불화로 따져서 치르어야 하니까
예비지식을 갖지 못한
토박이는 발이 멈칫해진다.

'褐色(갈색)의 政談(정담) — 半島(반도)호텔 茶室(다실)', 『경향신문』, 1960.10.12.

조선호텔과 반도호텔은 식민시대 지어진
대표적 근대식 호텔시설이었다. 주로 정부관료나
외국인을 수용하였고, 조선인은 숙박이
거의 불가능했다. 왼쪽 사진은 조선호텔의
선룸(Sunroom) 모습.

23

반도호텔의 운명

일제시대, 소공동 일대에는 조선인들은 함부로 출입하기 힘든 호화로운 근대식 호텔 두 곳이 있었다. 원래의 건물은 헐렸지만 지금도 같은 자리에 이름을 유지하고 있는 조선호텔이 그중 하나이고, 바로 맞은편 지금의 소공동 롯데호텔 자리에는 반도호텔이 있었다. 1973년 『조선일보』 기사에 반도호텔이 지어진 비화에 관한 자세한 기록이 남아 있는데, 일제시대 실제로 근무했던 직원의 인터뷰를 바탕으로 구성된 글이라 흥미롭다. 그 내용을 축약해 보면 다음과 같다.

반도호텔은 2차 세계대전이 일어나기 7년 전인 1936년 일본인 대재벌급의 기업가 노구치 시타가우(野口遵)가 지었다. 흥남지역에서 사업을 벌여 크게 성공한 사업가였던 노구치는 1935년 말 어느 날, 사업차 경성을 방문했다가 당시 조선총독부가 운영하던 조선호텔에 숙박하기 위해 프론트 데스크를 찾았다. 155센티미터의 작은 키에 안경, 그리고 당고바지 차림이었던 그는 허름한 차림의 전형적인 일본인이었다. 당시 조선호텔은 총독부 관련 국내외 귀빈들이나 사업차 방문한 외국인들만이 머물 수 있는 경성에서 가장 호화로운 숙박시설이다 보니 프론트 직원이 노구치에게 아무 응대를 하지 않은 것은 어찌 보면 당연했다. 하지만 걸인으로 오해받은 노구치의 입장에서는 분노가 이루 말할 수 없었다. 이 일로 노구치는 조선호텔을 뛰어넘는 새로운 호텔을 짓겠다는 결심을 세웠다. 조선호텔을 마주 보는 가까운 곳을 호텔 부지로 정한 노구치는 5층이었던 조선호텔보다 더 높은 8층 호텔을 설계해 우월감을 만끽하려 했다. 실제로 반도호텔이 완공된 후 노구치는 그의 사무실을 조선호텔의 높이와 같은 5층에 두고 매일같이 창문에 서서 자신에게 모욕감을 주었던 조선호텔을

23 해방 직후부터 1953년까지 반도호텔은 미군 장교숙소 그리고 미국 대사관으로 사용되었다. 사진은 1950년대에 미군이 촬영한 것으로 추정된다.

건너다보는 것을 즐겼다고 전해진다. 이렇듯 반도호텔은 조선호텔에 대한 복수의 산물이었다. 이 일화에서 알 수 있듯, 반도호텔은 당대 가장 값비싼 자재와 신식 인테리어로 꾸며졌다. 호텔은 건물의 6층부터 8층까지 사용했는데 양실과 일본식 다다미방을 갖추었고, 이를 관리하는 종업원 수만 120명이었다고 하니 규모를 짐작할 수 있다. 반도호텔을 찾는 손님의 대부분은 일본 상인들이나 미국 기업가들로 조선인은 손님은커녕 종업원으로도 출입하기 힘들었다.

해방 후에는 한국정부가 미국정부에 증여해 잠시 미주둔군 사령관의 사무실과 미 24군단 고급장교들의 숙소로 쓰였고, 24군단이 용산으로 기지를 옮긴 후에는 미국대사관으로 사용되었다. 한국전쟁기, 여러 차례 서울에서 벌어진 치열한 시가전으로 많은 근대 건축물들이 피해를 입은 것에 비해, 콘크리트로 비교적 튼튼하게 설계된 반도호텔은 거의 피해를 입지 않았고, 1953년 미국정부가 우리 정부에 이관해 무사히 돌아왔다. 당시 이승만 대통령은 반도호텔의 선진화에 큰 관심을 기울여, "호텔에서 일본인의 냄새를 모두 없애라"는 엄명과 함께 최고급 가구와 식기류, 실내 장식들을 미국과 독일에서 수입하도록 했다. 25 리노베이션이 끝나고 이 대통령은 반도호텔의 영업은 달러로 하고, 한국인의 숙박을 불허하도록 지시했다. 그렇게 반도호텔은 시설이 낡은 조선호텔과 격이 다른 곳이 되었고, 미국 관광객은 물론 국빈이 투숙하는 한국 정부의 영빈관으로 자리 잡았다.

24 반도호텔의 다실 풍경.
『경향신문』, 1960.10.12.

政治地帶 =(完)=

褐色의 政談 — 半島〈호텔〉茶室

얼마 前만 하더라도 여기 〈호텔〉안은 韓國內에서의 異邦地帶갈았었다. 드나드는 손이 異邦人이라는 것은 姑捨하고 茶한盞에도 弗貨로따져서 치루어야하니까 豫備知識을갖이지못한 土박이는 이멈칫해진다. 그러니 여기서는 새어나오는 政談도 黑色이아니라 褐色이다.

政治人들은 여기 茶室에 잘 드나든다. 半公開的인 政談을하고 〈호텔 V〉의 密室에서는 密談을 곧잘한다. 總理認准을爲한 得票工作의 本部가 鍾路의 P〈호텔 V〉파 여기 牛島〈호텔 V〉이 있고 舊派를爲해 個別接觸을 한곳이 도한官邸가決定되기 前에는 總理의 休息이 이〈호텔 V〉에서 取해졌다. 過去에 二四波動・改憲工作을 여기서 謀議했고 要즘은 民主黨 新・舊派의〈보스〉가 作戰을 다틀어 이〈호텔 V〉을 愛用한다는 點에서 어처구니없는 共用點을 찾겟다. 外部와의 隔離를 즐겨 이집을 愛用하니 역시 政治的으로도 異邦地帶이다.

(그림・金榮注)

25

25 이승만 대통령의 지시로 대대적으로 리노베이션한 이후 반도호텔의 모습. 기존 반도호텔의 인상에 비해 현대적으로 바뀌었다. 오른쪽 위에 보이는 스카이 라운지는 노구치가 건설한 당시에는 없던 공간으로 서울 시내를 관망할 수 있도록 새롭게 조성된 곳이다. (『서울: This is Seoul』, 1957)

半島·朝鮮아케이드 全燒

26

하지만 서울 시내 제일의 호텔이라는 명성은 오래가지 못했다. 1963년 조선호텔과 통합이 되고, 서울 시내에 다른 최신식 호텔들이 우후죽순으로 들어서며 점차 객실 이용률이 줄어들기 시작한 것이다. 한편 반도호텔의 운명을 좌우한 사건은 의외의 곳에서 발발했는데 바로 1966년 미국 36대 대통령 린든 존슨(Lyndon Johnson)의 방한이었다. 당시 서울인구가 350만 명이던 때 무려 200만 명의 시민이 서울시청 앞 환영식에 동원되어 국가적 차원의 큰 행사가 치러졌다. 이 행사는 한미 두 나라의 TV를 통해 생중계가 되었는데, 총 35분간의 방송 중 존슨 대통령의 연설 13분을 제외한 대부분의 시간은 시청 건너편 소공동과 남창동, 무교동 일대 슬럼가의 민낯을 비추었다. 이때 도심 슬럼가에 대한 부정적인 여론이 안팎으로 크게 일었고 동시에 박정희 대통령은 대대적인 도심 재개발을 결심한 것으로 알려져 있다.㉖

     반도호텔과 조선호텔이 위치한 소공동은 재개발이 추진되기 시작한 1970년 당시 서울 거주 중국인의 대부분이 모여 사는 차이나타운이었다. 낡고 건물 높이가 낮아 휑하게 보였던 이 일대는 대기업들에 (할당되다시피) 매각되어 빠르게 재개발이 추진되었고 1980년대 중순까지 20층 안팎의 오피스 빌딩이 솟아 현대 도시적인 스카이라인을 상징하는 곳으로 탈바꿈되었다. 이 과정에서 반도호텔은 근처에 있던 총독부도서관 부지와 함께 롯데그룹에 넘어가 철거가 진행되었고, 이후 소공동 롯데호텔과 백화점이 세워졌다.

26 반도호텔과 조선호텔이 합쳐지고 이듬해인 1964년 '반도조선 아케이드'가 문을 열었다. 이 아케이드는 두 호텔 사이를 연결하는 구조이며, 외국인과 상류층을 대상으로 외화획득을 목적으로 설계되었다. 1970년 상점들이 전소할 정도로 큰 화재가 일어난 이후 일부만 운용되다 1977년 완전히 철거되었다. (『조선일보』, 1970.1.18.)

27

27 1977년 촬영된 소공동 일대. 소공동 정비 사업을 통해 반도호텔은 철거되고 롯데호텔이 지어졌다. 이 일대의 고층빌딩들은 대부분 이 시기에 집중적으로 신축되었다.

28

28 정동에서 바라본 덕수궁 전경과 서울 도심 풍경. 이 사진은 1982년 촬영되었는데 소공동 일대의 재개발이 어느 정도 마무리되어 현대화된 모습이다. 왼쪽의 높은 빌딩이 롯데호텔, 가운데 높은 빌딩이 플라자호텔이다. 플라자호텔 또한 소공동 재개발 시기, 한화그룹에서 땅을 매수하여 건설하였다.

다음 건축 사진들은 1910년대에서 1940년대 사이 식민정부가 제작한 인쇄물에서 찾은 것들이다. 일본인 사진가가 찍은 이 사진들은 관광용 브로슈어나 기념엽서, 일본 정부의 정기 보고서에 실렸으며, 근대적인 도시로서의 경성 풍경과 대표적인 랜드마크 건물들을 선전하기 위해 제작되었다. 특히 조선총독부, 동양척식주식회사 같은 식민지배기관이 자주 등장하며, 근대 건축물이 모여 있던 거리인 종로, 을지로, 명동 주변의 모습을 고루 담고 있다.

(模製不許) (38景) Panorama of the City Keijo. (山の翠白皆は觀偉の部事合) 京城市街全景の一部 (鮮名所)

C2ㅁ

조선총독부 청사   1926–1996

광복 50주년을 맞아 1995년 철거되었다. 이 과정에서 최상단 첨탑 부분과 일부 기둥장식 등을 남겼는데, 철거를 기념하기 위해 이 잔해를 천안 독립기념관으로 옮겨 전시하고 있다.

경성부청사

1926 – 현재

KEIJO MUNICIPAL OFFICE, KEIJO
廳府城京る在に(城京)

1920년 초까지는 왜성대(남산 근처 회현동과 예장동 일대)에 있었던 일본영사관 건물이 경성부청사 용도로 사용되었다. 그러다 1926년 덕수궁 앞에 신청사를 건설하였고 해방 때까지 경성부청사로 사용했다. 이 건물은 해방 후부터 2008년까지 서울특별시청사로 사용되었고 현재는 서울도서관으로 활용되고 있다.

C2ㄹ

1910 – 1990

경기도청사

지금의 광화문 앞 삼거리에 위치했던 경기도청사 건축물이다. (이전에는 경성이 경기 행정구역에 속해 있었다.) 한국전쟁 중 피해를 입어 건물의 절반이 사라졌다. 1967년 이후 내무부의 치안국 청사로 썼으나, 1986년 치안본부가 서대문 신청사로 이전하면서 서울특별시청의 경찰국이 별관으로 썼고, 1990년 건물의 노후화와 기존 정부서울청사 주차장 협소를 이유로 철거되었다. 1997년 이후로는 '광화문 시민열린마당' 공원으로 조성되었다가 2013년 조선시대 행정기구인 의정부의 옛터가 발견되어 발굴 및 재정비 사업을 진행하였으며 2024년 '의정부지 역사유적광장'으로 조성되어 개방하였다.

왜성대 조선통감부 청사   1907-1950년대(추정)   F8④

왜성대에 지어진 첫 통감부(이후 총독부로 개칭) 청사 건물이다. 광화문 앞에 새로 총독부 청사가 지어지기 전까지 식민정부의 중추기관 역할을 했다. 총독부 이전 후에 건축물의 용도가 여러 차례 바뀌었는데 1926년부터는 은사기념과학관, 해방 후에는 국립과학박물관이었다. 한국전쟁 중이던 1950년 미군의 서울공습 과정에서 멸실된 것으로 추정된다.

일본영사관, 경성부청사   1896-1926(추정)

1896년 일본영사관 용도로 지어진 건축물로 1906년부터 경성이사청으로
사용되었다. 1910년 경성부 지정과 함께 경성부청으로 명칭이 바뀌었고,
1926년 지금의 서울도서관(옛 서울시청 건물)으로 기능을 이전하기 전까지
그 역할을 했다. 철거된 시점은 신축한 청사로 옮겨간 1926년과 미츠코시백화점
(현 신세계백화점 명동 본점)이 같은 자리에 들어선 1930년 사이로 추정된다.

F8④

1910–1950년대(추정)

농상공부청

왜성대 조선통감부 건축물과 함께 찍힌 사진과 농상공부청이라는 명칭만 기록으로 남아 있는 건축물이다. 남산 일대에 있던 다른 건축물들과 마찬가지로 한국전쟁 동안 파괴되어 사라진 것으로 추측된다.

C6 ⑥

1907–1970

탁지부청사

덕수궁 근처 정동에 있었던 이 건물은 식민시대 이전, 원래 대한제국 정부의 의정부 청사로 건축되었다. 1911년부터는 경성 고등법원, 1928년부터는 형사 지방법원으로 사용되었고, 해방 후에도 법원시설로 운영되었다가 1970년에 새로운 법원 청사를 신축하기 위해 철거되었다. 현재는 같은 위치에 서울특별시청 서소문 별관이 자리해 있다.

경성감옥 1908-현재

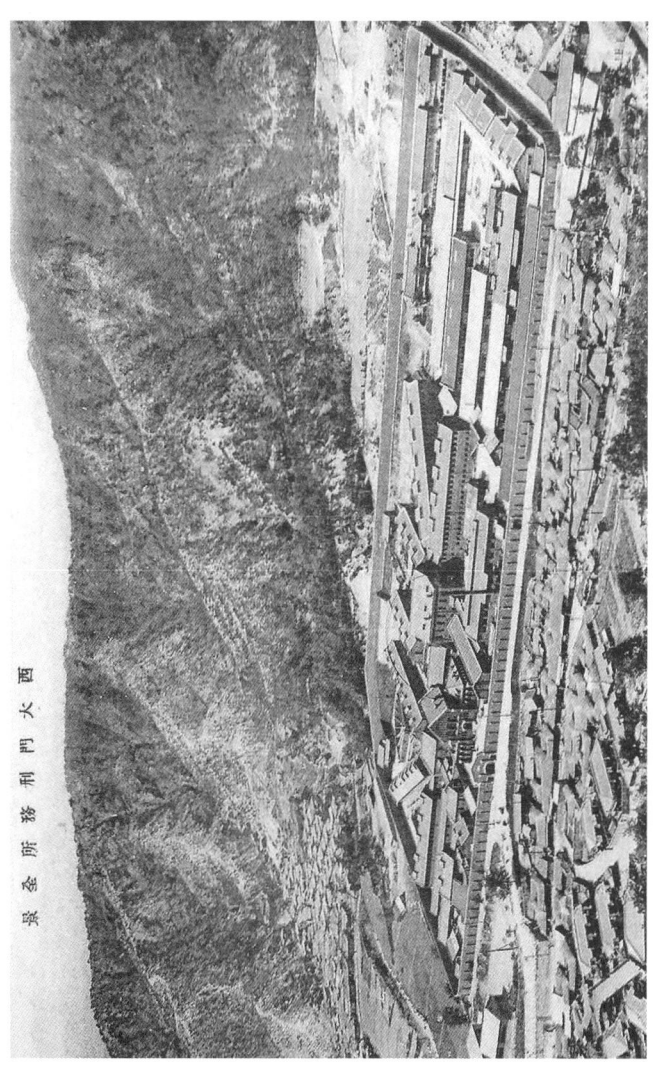

西大門刑務所

현재의 서대문형무소 역사관 건물은 일제가 경성감옥으로 사용했었으며, 1923년 서대문 형무소로 개칭되었다. 해방 뒤에도 교도소, 구치소로 활용되다가 1987년 교도소 시설은 경기도 의왕시로 옮기고, 건물은 박물관으로 운영되고 있다.

H8구 조선주차군 사령부 1900년대 - 미상

1904년 일제의 한국주차군 사령부가 이곳에 자리했다가 4년 뒤 일본군은
용산으로 이전하고, 조선헌병대가 이 자리에 주둔했다. 해방 뒤에는
한국군 헌병대가 사용했으며 1961년 박정희의 군사쿠데타 이후 설립된
수도경비사령부(현 수도방위사령부)가 이 자리에 있었다. 1991년 수방사가
남태령으로 이전한 뒤 1998년 한옥마을이 조성되고 일반에게 처음으로
공개되었다. 사진 속 건물이 철거된 시점에 관한 자세한 기록은 남아 있지 않다.

J㉛

1909-1950

용산 총독 관저

1904년 러일전쟁이 끝난 직후 조선 주둔 일본군 사령관으로 부임한 하세가와 요시미치가 용산에 유럽풍의 호화 관사를 지었다. 1910년 한일강제병합 후 이는 총독관저로 바뀌었다. 한국전쟁 때 폭격으로 상당 부분 파괴되어 사라졌고, 주한미군이 그 자리에 제121 전투지원 병원을 건설했다. 2020년부터 진행된 미군 용산 기지의 반환 절차 과정에서 병원도 이전되었다.

C1⒝

조선총독부 박물관　1915–1995

일제 식민정부가 경복궁 내에 지었던 박물관 건물로 한국의 고대사를 식민사관에
부합하도록 왜곡하고 더 나아가 일제식민화를 정당화하기 위한 전시가
주로 열렸다. 광복 후 1990년대 초반까지 국립중앙박물관으로 사용되었고
조선총독부 청사가 과거사 청산과 경복궁 복원을 위해 철거될 때 함께 사라졌다.

조선총독부 미술관

C1

1939-1998

총독부 박물관이 날로 협소해지면서 경복궁 내 다른 복합 문화공간을
추가하고자 하였으나, 1930년대 일제의 전시상황이 급박하게 돌아가며
이 총독부 미술관 건물은 축소 건립되어 단층으로 된 건물 한 동만 지어졌다.
건물은 주로 조선미술전람회의 전시장으로 활용되었다. 1945년 해방
이후 '경복궁 미술관'으로 명칭이 바뀌었고, 1975년부터 1993년까지
'한국민속박물관'으로 활용되다가, 1998년 경복궁 복원사업으로 철거되었다.

B6

1928 – 현재

경성사법청사

구한말에는 독일영사관(1890년 신축. 1902년 회동으로 이축), 이후에는 대한제국의 사법기관인 평리원(1907년 종로 공평동으로 이전)이 있던 자리였으나 식민통치 이후 일제가 경성재판소 건물을 세웠다. 광복 후 1995년까지 대법원 건물로 사용되다가, 대법원이 서초동으로 옮겨가자 건물 전면인 파사드는 그대로 살리고 뒷면은 헐고 보수하여 서울시립미술관 서소문관으로 활용되고 있다. 원형대로 남은 전면 현관부는 서울시 등록문화재 제237호로 지정되었다.

일제시대 우편국의 용도로 건설된 건물로 조선은행 맞은편에 있었다. 르네상스 양식의 붉은 벽돌과 석조를 혼합한 화려한 외관이었는데 마주 보는 조선은행 (현 한국은행 화폐박물관)과 미츠코시백화점 (현 신세계백화점 본점) 앞 광장은 근대화된 경성을 대표하는 풍경으로 총독부 홍보물에 자주 사용되었다. 한국전쟁 중 반파되어 지붕과 돔이 무너졌고, 복원 대신 철거되어 1957년 모던한 외관의 새로운 중앙우체국 건물이 들어섰다. 1981년에는 지금의 서울중앙우체국 건물이 신축되었다.

경성전기회사 1928 – 현재

대한제국기 전기회사였던 한미전기를 일본인이 인수하여 경성전기로 개칭하면서 지금의 남대문로에 사옥을 신축했다. 당시에는 5층 건물로 지어졌는데 1965년에 두 개 층을 증축하여 지금까지 한국전력공사 서울본부 건물로 쓰고 있다.
2002년 근현대 문화재 보호를 목적으로 새로이 신설된 국가등록문화재에 첫 번째로 등재된 건축물이다.

조선총독부 도서관 1923–1974

총독부 관리하에 광복 전까지 약 28만 권의 장서를 보유하던 대규모 도서관으로
지금의 소공동 롯데백화점 건물 뒤편 주차장 자리에 있었다. 해방 직후에는
'국립도서관'으로 1963년 이후로는 '국립중앙도서관'으로 이름이 바뀌었다.
슬럼가였던 이 일대는 1970년대 박정희 시대에 이르러 '소공동 차이나타운
재개발' 목적으로 대기업들에 매각되었는데, 반도호텔과 총독부 도서관 부지는
롯데그룹에 넘어가 지금의 호텔과 백화점이 들어서게 되었다.

1906-1940년대

용산역

일제시대 용산 일대에는 대규모의 일본군 병영지가 조성되어 효율적으로 물자를 나르기 위한 철도기지와 관련 시설들이 모여 있었다. 용산역이 서울에서 부산역으로 가는 열차의 출발역이라 당시에는 교통량이 가장 많은 기차역이었다. 처음 지어졌던 목조 건물은 준공 초기에 발생한 화재로 소실되었고 사진 속 역사는 곧바로 재건축된 것이다. 같은 시기에 지어진 다른 건축물들이 르네상스풍 석조 건물이었던 것과 달리 목조를 이용한 콜롱바주 양식의 독특한 외관을 가지고 있었다.

용산 총독부철도국 청사　1908-미상

용산역 앞에 자리했던 총독부 산하 철도국 청사의 전경이다.
건물이 철거된 시점에 관한 자세한 기록은 남아 있지 않다.

경성중앙전화국

1920년대 – 1960년대(추정) C3편

지금의 광화문대로 서쪽에 있었던 경성중앙전화국 광화문분국 건물이다.
원래 전화 교환 업무는 경성우편국 소관이었으나 일제강점기 중반 전화
가입자 수가 크게 늘어, 1923년부터는 경성중앙전화국으로 분리되었다.
1960년대 초 세종로를 확장하는 과정에서 헐린 것으로 추정된다.
현재는 세종문화회관이 자리하고 있다.

경성역 1925 – 현재

원래 목조로 건축한 남대문역이었다가 일제시대 물자와 교통의 거점으로서 역할이 부각되면서 경성역으로 명칭이 바뀌고, 1925년 르네상스와 바로크 양식이 절충된 설계로 새롭게 신축되었다. 1946년 서울역으로 개칭되어 2003년 12월까지 역사로 운영되었다. 현재는 문화복합공간인 '문화역서울 284'로 사용되고 있다.

총독부 체신국

C3⑯

1920년대 – 1950년대(추정)

지금의 광화문대로 세종문화회관 근처에 있었던 체신국 건물로 앞서 소개한 경성중앙전화국과 나란히 자리해 있었다. 건물이 철거된 시점에 관한 자세한 기록은 남아 있지 않지만, 1960년대 초 세종로를 확장하는 과정에서 헐린 것으로 추정된다.

총독부 체신국 분관

1937–2015

덕수궁 근처, 서울시청 맞은편에 위치해 있었던 체신국 분관 건물이다. 광복 이후부터 2000년대까지 국세청의 남대문 별관 건물로 오랫동안 활용되었다. 사진은 완공 직후의 모습으로 3층 건물이나, 국세청 별관으로 사용되던 시절의 사진을 보면 증축과 외관을 리모델링하여 원모습을 찾아보기가 힘들다. 2015년 광복 70주년을 기념하여 과거사 청산의 일환으로 일부 기둥을 남기고 철거되었고, 지금은 서울도시건축전시관이 신축해 자리하고 있다.

경성상업회의소

1920 – 미상

일제시대 경성의 경제인 단체인 경성상업회의소는 조선총독부가 무상으로 제공한 부지에 1920년 7월 건물을 완공했다. 소공동 조선호텔 맞은편에 자리한 이 건물 제일 위층은 경성공회당으로 사용되었다. 언제 건축물이 사라졌는지에 대한 정보는 남아 있지 않으며, 지금은 같은 장소에 한화빌딩이 서 있다.

동양척식주식회사 경성지점 1910–1972

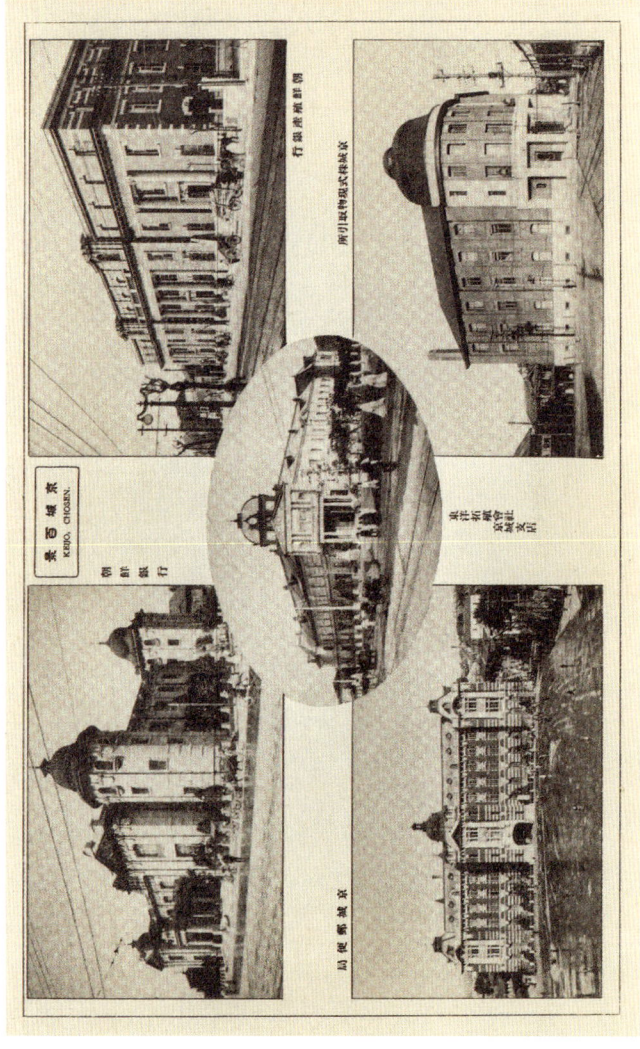

일제가 조선 경제를 효과적으로 수탈하기 위해 설립한 국책회사로 건물의
규모가 조선은행 본점보다도 컸다. 광복 직후에는 미군정 산하 신한공사
본관으로, 정부 수립 이후에는 내무부 청사로 사용되었다. 1972년 외환은행에서
구입하여 철거하고 새로운 사옥을 신축했다. 엽서에서 가운데 건물이
동양척식주식회사이다. 왼쪽 위부터 시계 방향으로 조선은행, 조선식산은행,
경성주식현물취인소, 경성우편국이다.

경성주식현물취인소

1922 – 2005

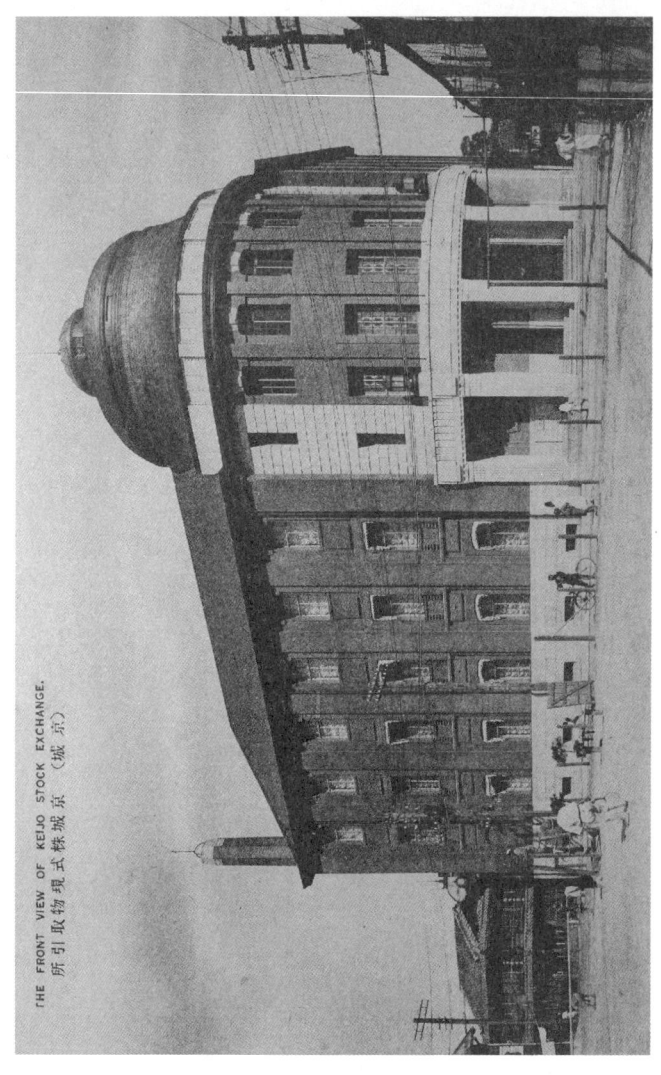

명동에 위치한 최초의 증권거래소 기능을 하던 건축물로 한국전쟁 중 지붕의 돔이 파괴되었다. 1956년부터 1979년까지 대한증권거래소로 사용되었으나, 이후 금융시설들이 여의도로 옮겨 가며, 2005년 민간 경매에 넘어가 철거되었다.

경성중앙방송국 1926 – 미상

서울 정동에 세워진 우리나라 최초의 방송국이다. 식민시대 동안 국어와 일본어를 혼합한 라디오 방송을 총독부 사전검열을 거쳐 내보냈다. 해방 이후 서울중앙방송국으로 개칭되었고, 공영방송 KBS의 모체가 되었다. 사진에서 가운데 삼각형 지붕을 가진 건물은 구세군사관학교이고, 그 뒤쪽 언덕에 높은 철탑이 서 있는 건물이 방송국이다. 현재는 덕수초등학교가 자리해 있고, 교내에 첫 방송터 기념비가 남아 있다.

한성전기 사옥, 종로경찰서 1901-1936

사진에서 가장 왼쪽의 시계탑이 있는 건물은 본래 한성전기회사 사옥이었다.
일제강점기가 시작되고 1915년부터 종로경찰서로 사용되었는데, 조선인들에게는
서대문형무소와 함께 독립운동 탄압을 대표하는 장소로 여겨졌다. 1923년
의열단 김상옥의 폭탄투척 사건을 계기로 경찰서는 옛 평리원 건물로 이전했다.
그 이후 빈 건물은 잠시 화신백화점 임시영업소로 활용되었다가 곧 철거되었다.
현재 같은 자리에는 '김상옥 의거 터'라는 표지석이 남겨져 있다.

조선상공장려관

1929–1980년대

일제가 자국의 상품을 조선에 홍보하고 판매하기 위한 '상품진열관' 목적으로 처음 개관했다. 화려한 장식이 배제된 완전한 근대적 모더니즘 양식의 건축물로 커다란 창문과 각 층에 배치된 발코니, 비대칭의 외관이 독특한 인상을 주는 건물이었다. 오늘날 남대문 서쪽의 대한상공회의소 자리에 있었는데, 1980년대 재개발로 철거되었다.

경성일보(매일신보) 사옥   1924-1980(추정)

식민시대 총독부 기관지였던 경성일보사는 원래 오른쪽 지면의 건물이었으나, 경성부청에 그 자리를 내어 주고 오늘날 프레스센터 자리에 사옥을 신축하여 이전했다. 해방 후 경성일보는 해체되었고, 매일신보는 '서울신문'으로 명칭을 바꾸었다. 그 이후 건물은 코리아헤럴드가 사옥으로 사용했다는 기록이 남아 있지만, 정확히 언제 철거되었는지는 알 수 없다. 다만 1981년 해당 부지와 그 옆에 있던 옛 신문회관 부지, 그리고 라디오서울 사옥의 땅을 합쳐 지금의 프레스센터 빌딩이 들어섰다는 기록을 미루어 그즈음 철거되었을 것으로 추정된다.

경성일보(매일신보) 사옥　1914-1923

지금의 옛 서울시청사 위치에 있었던 경성일보사 (매일신보사 포함) 건물이다.
사진은 1914년 건물을 신축한 직후 촬영된 것으로 멀리 광화문이 보인다.
바로 다음 해 화재가 발생해 재건하는 과정에서 중앙의 첨탑이 사라졌고,
경성부청이 이전해 오며 왼쪽 지면 건물로 신축해 이전하였다.

D7 [25]

1912 – 현재

조선은행

총독부 직속 금융기관의 역할을 하던 조선은행 본점으로 서울에 남아 있는 대표적인 근대 르네상스 양식의 건축물이다. 광복 직후에는 화재로 내부가 일부 피해를 입었고, 한국전쟁 중에는 폭격을 당해 천장 돔을 포함하여 내부가 대부분 파괴되었다. 1980년대까지 한국은행 본점으로 사용되었고, 이후에는 한국전쟁으로 훼손되기 전의 원형으로 복원되어 2001년부터 한국은행 화폐박물관으로 사용되고 있다. 최근 이 건축물 정초석이 당시 한국통감이었던 이토 히로부미의 휘호로 제작된 것이 밝혀져 철거 논쟁이 일었지만, "남겨 둠으로써 과거의 상처를 기억하고 역사의 교훈으로 삼고자"라는 보존의 이유를 설명하는 안내문을 함께 두는 것으로 결정되었다.

1923 – 1960년대

조선상업은행

사진 왼쪽에 보이는 붉은 벽돌 건물로 조선은행과 경성우편국 건물 사이에 자리해 있었다. 전차가 통과하는 로터리와 분수대가 있었던 이곳은 식민시대에 조선은행 앞이라는 의미의 '선은전(鮮銀前)광장'으로 불렸는데 여러 은행 건물들이 모여 있는 조선 금융의 중심가였다. 1965년 같은 자리에 한국상업은행 본점이 새롭게 지어졌고 현재는 한국은행 소유의 '소공별관'으로 사용되고 있다.

조선식산은행 1918-1984 D6 27

THE GRAND CHOSEN SHOKUSAN GINKO
(THE BANK OF INDUSTRY) IN NANDAIMON-STREET, KEIJO.
(通門大南) 行銀産殖鮮朝るナ:然巍 (城 京)

신고전주의 양식의 화려한 건축물로 1920년대 한 차례 증축된 것으로 기록되어 있다. 해방 후에는 한국산업은행이 이 건물을 사용했으나 1984년 롯데백화점 소공점 건설이 결정되며 철거되었다.

일본생명빌딩 1922-1971

일본생명보험회사가 본래 병원 용도로 지은 것인데, 화월식당이라는 고급 일식당으로 20여 년간 사용되었다. 2차 세계대전이 격화되면서는 일본의 군용식당 보급 기지로도 사용되었다. 해방 후에는 보건사회부(오늘날 보건복지부에 해당)에서 쓰다가 1965년부터 감사원이 사용했는데 감사원이 이전하며 철거되었다.

D7

조선저축은행　1935 – 현재

사진에서 오른쪽에 위치한 네오바로크 양식 건물로 미츠코시백화점(현 신세계백화점 본점) 바로 옆에 자리하고 있었다. 한국전쟁 중에도 피해 없이 잘 보존된 건축물이다. 전쟁 후에는 제일은행 그리고 한국스탠다드차타드은행 본점으로 사용되었다. 2015년 신세계에 인수되어 리모델링을 진행하고 있다.

D6 ③⓪

1914–1970

조선호텔

조선철도국 직영으로 건축되었으며, 첫 명칭은 철도호텔이었다. 대한제국기 지어진 원구단 부지를 철거하고 그 자리에 지어졌는데 지상 4층, 지하 1층의 규모에 60개의 객실을 갖춘 당시 가장 큰 규모의 호텔이었다. 주로 식민정부의 주요인사들과 외국에서 온 귀빈들의 숙소로 사용되어 조선총독부의 영빈관 역할을 했다. 한국전쟁 동안에는 미8군 장교숙소로 사용되기도 했다. 1970년 당시 슬럼가였던 소공동 차이나타운을 재개발하는 목적으로 철거되어 지금의 '웨스틴 조선호텔'이 신축되었다.

조선호텔 근처에 지어진 8층 111실을 갖춘 상업호텔로 당시 국내에서 규모가 가장 큰 것은 물론, 동양에서 네 번째로 규모가 큰 호텔이었다. 일본인 사업가 노구치 시타가우가 조선호텔을 방문했다가 허름한 차림 탓에 종업원에게 쫓겨난 것을 계기로 반도호텔을 바로 맞은편에 지었다는 이야기가 전해진다. 1970년대에 '소공동 차이나타운 재개발' 목적으로 총독부 도서관 부지와 함께 묶여서 롯데그룹에 넘어가 지금의 롯데호텔, 롯데백화점 본점이 들어서게 되었다.

C5 [32]

1935–현재

부민관

일제강점기 경성부 부립의 다목적 건물이다. 당시 경성 시내 어디에서나 보이는 높은 시계탑 덕분에 근대 풍경을 대표하는 랜드마크이기도 했다. 광복 후에는 국회의사당, 세종문화회관 별관으로 활용되었고, 지금도 태평로에 본래 모습을 유지한 채 서울시의회 의사당으로 사용되고 있다.

미츠코시백화점

1930 – 현재

D7[5]

우리나라에 최초로 등장한 근대적 백화점으로 지금도 신세계백화점 본점으로 사용되며 원래 모습을 잘 간직하고 있는 건물이다. 근대 상업지구의 중심이던 조선은행 앞 산은전광장에 자리한 경성의 대표적인 랜드마크 중 하나였다.

조지아백화점

1929 – 현재

일제시대 미츠코시, 화신백화점과 함께 3대 백화점으로 불리던 곳으로 사진에서 왼쪽 위에 있는 건물이다. 해방 후에는 '미도파백화점'으로 명칭이 바뀌어 이 이름으로 더 잘 알려져 있다. 2002년 이후로는 롯데에 인수되어 지금은 '롯데 영플라자' 건물로 리모델링되어 사용되고 있다. 현재 건물의 모습과 주 출입구의 곡면이 같아 원형은 그대로 유지하고 외관 리모델링 및 증축을 한 것으로 보인다.

화신백화점 1931–1987

일본 자본이 독식하던 백화점 업계에 한국인이 만든 최초의 백화점이다. 박흥식이 화신상회를 인수해 엘리베이터가 있는 근대식 건물로 확장하여 지금의 종로타워 자리에서 영업했다. 1935년 큰 화재가 났고, 사진 속 건물은 1937년 새로 지어 확장한 것이다. 해방 후에도 백화점으로 운영했으나, 1970년대 재개발 구역에 포함되어 1987년 철거되었다.

부산 지역 최초의 백화점이었던 미나카이백화점은 1919년 경성에 첫 지점을 내고 점차 확장해 사진엽서 속 아래와 같이 지상 6층, 지하 1층의 르네상스 양식 건물로 1933년 증축 개관했다. 해방 이후에 해군본부, 국가재건최고회의 등의 용도로 사용되었다. 사진엽서 속 위는 본정(충무로) 거리 풍경이다.

경성운동장

1925 – 2008

건설 당시 동양 최대의 종합 경기장으로 사용조례에 "1924년 동궁(124대 일왕인 히로히토)의 결혼을 기념하기 위해 설치한 운동장"이라 되어 있다. 해방 후 명칭이 '서울운동장'으로 바뀌었고, 1980년대 잠실종합운동장이 개장하기 전까지 서울 내에서 전국체전과 같은 큰 규모의 스포츠 경기를 개최할 수 있는 유일한 시설이었다. 운동 경기뿐 아니라 주요 정치행사나 대규모 집회들도 열리는 등 현대사와 얽혀 있던 장소였다. 1985년부터 '동대문운동장'으로 불리던 이 장소는 재개발을 위해 2008년 철거됐고, 현재는 동대문디자인플라자(ddp)로 바뀌었다.

일제강점기에 지어진 영화관이자 극장 건물이다. 지금도 명동 번화가의 중심에 자리해 있다. 1930년대 부민관, 약초극장, 황금좌 등과 함께 일본인들을 위한 위락 시설로 지어져 일본영화만 상영했다. 해방 후에는 국제극장, 명동예술회관 등으로 불리며 다양한 공연 등이 열렸지만 1973년 남산 국립극장이 개관하며 점차 기능을 잃었다. 1990년대 철거될 위기에 처했으나, 명동 상가번영회의 반대운동으로 문화관광부가 건물을 인수, 명동 예술극장으로 보수해 재개관했다.

2장 파괴된 건축,
    한국전쟁과
    서울 요새화 계획

1950 — 1970

1950년 미 공군의 용산조차장 폭격.

한국전쟁 당시 서울 폭격을 앞두고 맥아더는 "원래 도시란 천재지변이나 전쟁을 겪고 나면 그전에 비해 몇 배 더 크고 좋은 새 도시로 부흥된다. 더욱이 미국이 재건을 도울 것이니 서울은 앞으로 이상적인 현대 도시로 탈바꿈할 것"이라고 큰소리쳤다.

한국전쟁 당시 공습 중인 미 공군 B-29기의 모습.
B-29는 미군이 2차 세계대전 중 일본 히로시마와 나가사키에 원자폭탄을 투하한 기체이기도 하다.

한국전쟁 1950-1953

1945년 8월 15일 정오, 일왕의 항복선언이 라디오를 타고 전국에 중계되었다. 1939년 발발한 2차 세계대전이 끝나고 마침내 35년 동안 지속된 일제 식민통치로부터 한국이 독립하는 순간이 온 것이다. 29 하지만 광복의 기쁨도 잠시, 국내에서는 민족주의자와 공산주의자 간의 대립이 심화되며 하나의 정부를 수립하는 데 진통을 겪게 된다. 같은 해 9월부터 곧바로 38선을 기준으로 북쪽에는 소련, 남쪽에는 미국 양국의 군대가 주둔하고 군정을 시작하면서 한반도는 두 개의 영역으로 나뉘었다. 오늘날 미소군정기(美蘇軍政期)로 구분되는 1945년부터 1948년 사이, 미소공동위원회를 중심으로 하나의 국가를 수립하기 위한 여러 차례의 회담이 있었지만 양쪽 진영은 의견 차이를 좁히지 못했고, 결국 1948년 대한민국과 조선민주주의인민공화국이라는 두 개의 다른 정부가 한반도에 세워진다.

폭풍전야와도 같은 불안정한 평화로움에 차츰 익숙해져 가던 1950년 6월 여름, 한국전쟁이 발발했다. 한반도 전체를 휩쓴 이 이념전쟁은 '2차 세계대전에도 군인으로 참전했었지만 이처럼 참혹한 전쟁은 보지 못했다'는 한 외신 종군기자의 증언처럼[※] 이 땅에 오래도록 회복하기 힘든 상처를 남겼다. 전쟁 발발 사흘 만에 수도 서울을 빼앗기고 남쪽으로 후퇴한 한국정부는 모든 주요 시설이 밀집해 있는 서울을 수복하기 위해 필사적이었고, 반대 진영 또한 마찬가지였다. 서울 안에서만 네 차례 교전이 벌어졌는데 이 과정에서 수많은 민간인이 목숨을 잃었고 도시가 파괴되었다. 여러 수복 전투 중에서도 도시에 가장 치명적인 피해를 입힌 것은 처음 북한이 서울을 점령한 직후인 1950년 7월과 9월 미 공군이 벌인 두 차례 대규모 공습이었다.

29 1945년 9월 9일. 조선총독부 제1회의실에서 아베 노부유키 조선총독이 미군들이 지켜보는 가운데 항복문서에 서명하고 있다.

30

30 1949년 미군이 촬영한 전쟁 전 서울의 모습. 시내 주요 건축물들을 배경으로 도시 곳곳에 '유엔한국위원회(UNCOK)'를 환영하는 문구가 걸려 있다. 왼쪽 위 사진은 남대문로의 경성우체국(한국전쟁으로 파괴되어 철거), 아래는 한국은행 건물(현 한국은행 화폐박물관)이다. 이 둘은 서로 마주하고 자리했었다. 오른쪽 위 사진은 조선상호은행 종로지점, 아래는 마찬가지로 종로에 있었던 화신백화점(현 종로타워 위치)의 모습이다.

전쟁 초기였던 이 시기의 공습은 주요한 교통시설과 군시설이 집중된 서울 중구와 용산구를 목표지점으로 했기 때문에 이 지역들의 피해가 가장 컸다. 한국정부 공보처 통계국 자료에 의하면 이 지역에 있던 주택 건물의 절반 이상이 파괴되었고 이에 따른 인명피해도 용산구의 경우 다른 지역에 비해 10배 가까이 높았다.※

다음 지도는 31 UN연합군이 한반도 주요 도시를 공습 폭격의 우선적 대상이 될 중요도에 따라 분류한 군사 코드이다.※※ 이 지도는 UN연합군 최고사령관이었던 더글러스 맥아더가 전쟁 발발 직후 도쿄에 머물며 제작했다고 알려져 있는데, 암호명 '크로마이트 작전(Operation Chromite)'은 전쟁발발 사흘 만에 함락된 서울 탈환을 최우선 목표로 계획되었다. 각각의 지역에 표기한 코드명이 정확히 어떤 의미를 담고 있는지 지금으로서는 해독이 불가능하지만, 실제 전투가 치열하게 벌어졌던 곳들을 지도에서 대조해 보면 'Dump Mud'로 표기된 서울-인천-수원 지역이 '완전히 파괴를 해서라도 무조건 탈환해야 하는 중요 지역'이었음을 짐작할 수 있다. 오늘날 한국인들에게는 '인천 상륙 작전'이란 명칭으로 더 유명한 이 전투는 2주 만에 그 목적을 달성했다.

31 인천상륙작전 때 사용된 군사지표.

31

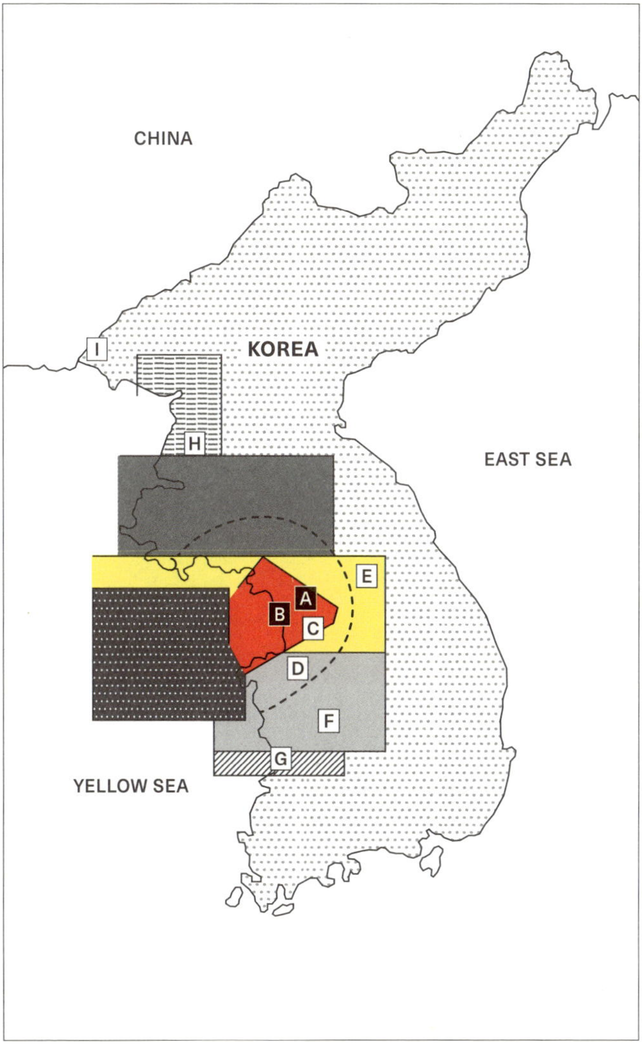
CHINA
KOREA
EAST SEA
YELLOW SEA
I
H
A
B
C
D
E
F
G

A. 서울
B. 인천
C. 수원
D. 평택
E. 춘천
F. 대전
G. 군산
H. 평양
I. 신의주

Dump Mud
Wet
Oboe
Peter
Nan
Gueen
Miki

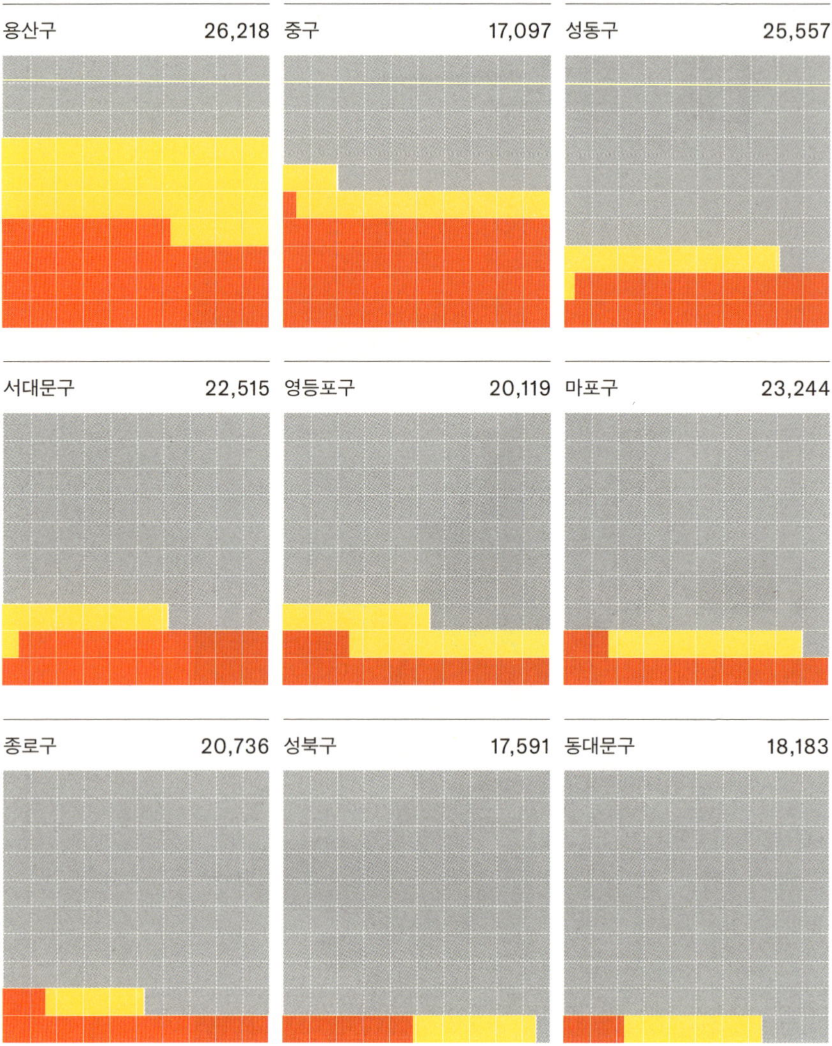

용산구	26,218	중구	17,097	성동구	25,557
서대문구	22,515	영등포구	20,119	마포구	23,244
종로구	20,736	성북구	17,591	동대문구	18,183

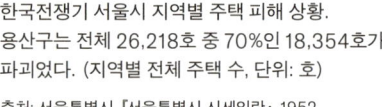

한국전쟁기 서울시 지역별 주택 피해 상황.
용산구는 전체 26,218호 중 70%인 18,354호가
파괴되었다. (지역별 전체 주택 수, 단위: 호)

출처: 서울특별시, 『서울특별시 시세일람』, 1952.

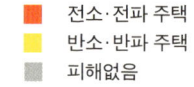

전소·전파 주택
반소·반파 주택
피해없음

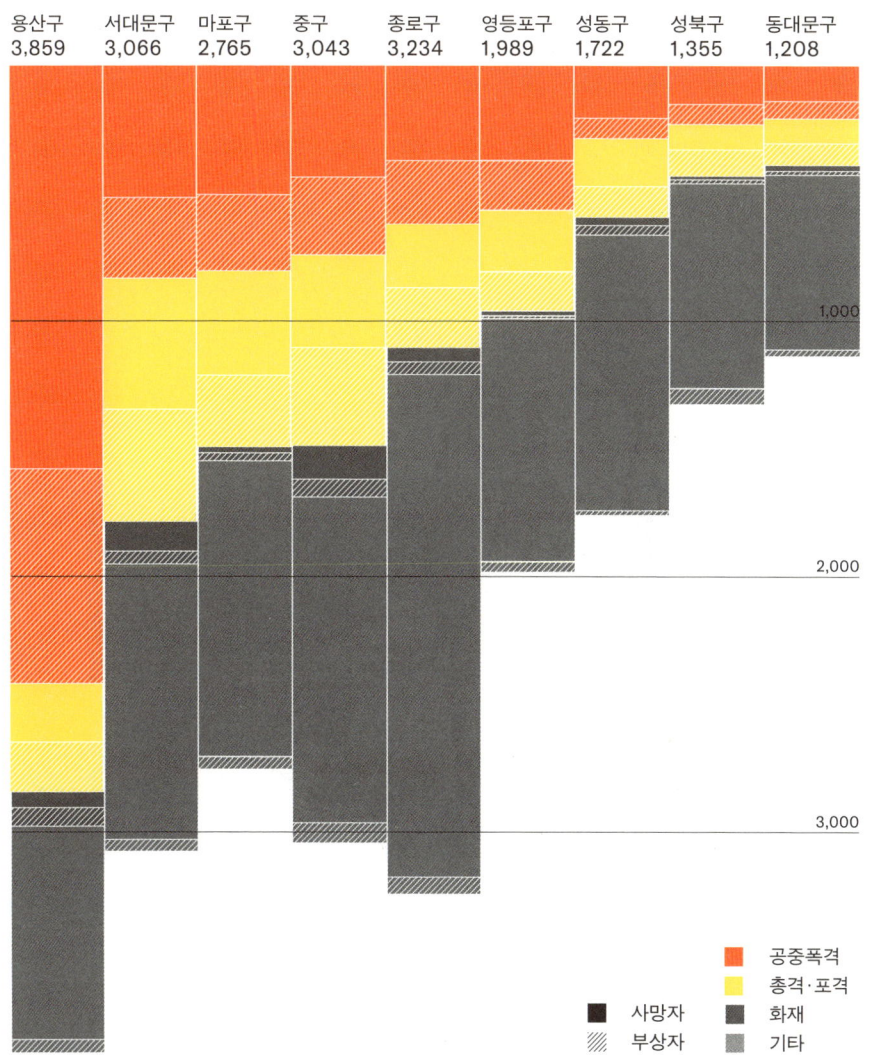

1950년 6월 25일부터 9월 28일까지
3개월간 집계된 원인별 서울시 사상자 수.
(단위: 명)

출처: 공보처 통계국, 『서울특별시 피해자명부』, 1950.

1950년 6월 25일부터 9월 28일까지 서울에서 발생한 민간인 피해의 가장 중요한 원인이 공습(공중폭격)이었다. 서울시민의 사망원인은 공중폭격 4,250명, 총격 및 포격 2,378명, 피살 1,721명, 화재 445명의 순으로 나타났다. 용산구는 공중폭격으로 인한 사망자가 1,587명으로 가장 많았는데 그 수가 두 번째로 많은 서대문구 518명의 약 3배, 동대문구 138명, 성북구 159명의 10배 이상에 달했다.

32

32 미 공군이 한강철교 위에 폭탄을 투하하는 모습. 서울이 함락되고 6월 28일 한국정부는 후퇴하며 서둘러 한강다리를 폭파시켰다. 북한군의 남하 저지가 목적이었지만, 미처 피난을 떠날 준비를 못 한 대다수의 서울시민과 상당한 전쟁물자까지 한강 이북에 남겨 놓는 섣부른 결정이었다. 이때 철교는 완전히 폭파되지 않았는데, 7월까지 미 공군의 B-29가 맹폭격을 하여 완전히 파괴했다. 사진 속 폭격되는 다리 위쪽이 용산역 방향이다. 당시 용산 지역은 물자를 보관하고 다른 지역으로 이동하는 군사적 요충지였기 때문에 미 공군의 주요 타깃이었다.

덤프 머드, 1950년 서울 폭격

식민시대 '류잔'이라 불렸던 용산 지역은 1910년대부터 일본군 사령부와 군대가 주둔한 군사적 요충지였다. 해방과 동시에 남겨진 군시설들은 서울에 입성한 미군이 그대로 주둔지로 사용하면서 '캠프서빙고(Camp Seobinggo)'라고 이름 붙여졌다. 근방에 용산역이 위치해 물자이동이 쉬웠던 데다가 주요한 군시설이 모두 이곳에 집중되어 있었기 때문에 한국전쟁이 발발하고 불과 사흘 만에 북한군이 서울에 도달했을 때 미군은 용산기지 내 군시설들을 적에게 넘기느니 차라리 파괴하는 것이 낫다고 결론을 내렸다. 이에 미군은 7월 16일, 일본 히로시마에 원자폭탄을 투하한 것과 같은 기체인 B-29를 보내 용산 지역에 대대적인 공중 폭격을 가했다. 이때 주요한 타격 지점이 된 곳은 네 곳이다.[33]

첫 번째는 용산역과 근처 철도조차장(A)으로 북한군의 남하를 저지하고 철로를 통한 군사물자 보급로를 차단하기 위함이었다. 두 번째는 조선서적인쇄주식회사 공장(B)이었다. 이곳은 일제시대 조선총독부의 직할 인쇄소로 교과서, 관보, 우표 등을 제작했었는데 해방 이후로는 조선은행권 지폐 100원권, 50원권, 10원권, 1원권을 발행하고 있었다. 그런데 한국정부가 서울을 급히 탈출하면서 미처 이 시설을 파괴하지 못했던 것이다. 인민정부에 의한 과도한 화폐 생산, 그리고 전쟁 후의 인플레이션 현상을 우려한 한미 정부에게 있어서 이 인쇄 공장은 무조건 파괴되어야 하는 장소였다. 세 번째는 육군의 무기를 생산하고 수리하던 시설인 용산병기창(C), 마지막 네 번째는 북한군이 7월초 고사포부대를 주둔시킨 효창공원 언덕(D)이었다. 이 고사포부대는 한국정부가 서울을 떠나며 폭파시킨 한강철교와 관련이 있다. 한강철교 폭파 이후, 북한은 남하 전진을 위하여 긴급하게

---

33 미군정기인 1946년 미군이 제작한 지도 'Seoul City Plans'는 용산 지역을 상세하게 담고 있다. 지도에 ⊠로 표시한 공습의 주요 타격지는 다음과 같다. (주요 타격지는 저자가 표시함) A) 용산역과 용산철도조차장, B) 조선서적인쇄주식회사 공장, C) 용산병기창, D) 인민군의 고사포부대가 주둔해 있던 효창공원 언덕.

복구공사를 진행하였고 이를 미 공군이 매일 아침마다 폭탄을 투하하여 전날 복구된 부분을 다시 파괴하였다고 한다.32 이에 북한군이 미 공군기를 격추시키기 위해 효창공원에 고사포부대를 투입했다. 따라서 마지막 용산폭격의 중요한 타깃은 이 고사포부대지가 되었다.※

그런데 이와 같은 타깃 설정 후, 막상 용산폭격 작전 실행일인 7월 16일이 되었을 때 예상치 못한 문제가 생겼다. 작전 수행을 위해 이륙한 50여 대의 B-29기를 탄 미 공군 조종사들이 서울 지리에 익숙하지 않아 (또는 당시 용산 내 비슷하게 생긴 건물군이 많았기 때문에) 무조건적으로 파괴해야 할 네 군데의 타격 장소를 정확하게 분간할 수가 없었던 것이다. 폭격이 개시된 오후 2시부터 채 한 시간이 되기도 전에 폭탄이 목표지점보다 주변 민간시설에 훨씬 더 많이 떨어졌다는 점에서 이날 용산구 전체가 입은 피해가 어느 정도였을지 가늠해 볼 수 있다. 폭격 범위는 지금의 용산구 이촌동과 후암동뿐 아니라 마포구 도화동과 공덕동까지 산발적으로 분포되어 있는데 이날 파괴된 대표적인 근대 건축물은 용산역(1910년대 건축), 마포교도소(1912년 건축), 벽돌공장 지대(1920년대 건축), 선린상업고등학교(1913년 건축), 철도국(1908년 건축) 등이며, 모두 식민 근대역사와 연관이 깊은 건축물이었다.※※ 더군다나 같은 날 수천 명의 민간인이 목숨을 잃었는데 1950년 한국정부가 작성한 '전후 3개월 내 서울 거주민의 사상자 통계'를 보면 이러한 공군의 폭격으로 인한 사망자가 1만 7,127명으로 4분의 1을 차지했다. 특히 용산구 전체 사망자 2,709명 가운데 1,587명이 이날 폭격으로 인한 것이었는데, 통계 조사할 시점이 전쟁 중이었음을 고려하면 정확한 수치는 아닐 수 있으나 막대한 피해가 있었음을 알 수 있다.

34 한국전쟁 발발 직전의 서울 중심 시가지 모습이다. 오른쪽 아래에서 서울시청사 건물을 확인할 수 있고, 수직으로 뻗은 도로는 지금의 세종대로이다. 그 왼편은 정동 지역으로 덕수궁과 대한성공회 성당, 서울시의회 건물이 오늘날에도 같은 자리에 남아 있다. 세종대로의 끝에는 옛 조선총독부 건물과 그 뒤에 가려진 경복궁이 보인다.

용산에 이은 다음 공습은 2개월 뒤인 9월로 이때의 작전실행 구역은 서울 도심에 더 가까워 구시가지 안에 있던 많은 문화재와 건축물들에 치명적인 피해를 입혔다. 이 서울 재탈환 계획과 관련해 당시 도쿄에서 주 일본 대한민국공사관 공사로 재직하고 있던 김용주는 UN연합군 총사령관이었던 맥아더 사이에 오고 간 대화를 자신의 회고록에 남겼다. 당시 서울 내 폭격 범위에 대한 아마도 유일하게 남은 기록이다.

1950년 9월로 접어들면서 동경 항간에선 미군반격 상륙작전 박두설이 파다하게 떠돌기 시작했다. … 전략상으로나 지리상으로 장차 미군이 택할 대규모 상륙작전은 인천이나 군산지방이 아닐까 싶었다. 그리하여 미군은 군산이나 인천에서 서울로 일로(一路) 진격할 것이다. 인천이라면 그것은 수도 서울과는 근거리의 지역이다. 그러므로, 자군의 희생을 최소한으로 줄이기 위해서 우선 점령에 앞서 그 점령목적지에 치열한 공폭을 가하는 미군의 재래전략에 비추어 이번에도 미 공군은 필시 상륙작전 개시에 앞서, 수도 서울에 산재한 모든 북괴군 진지에 대해 전략적 대폭격을 가할 것이고 북괴군은 북괴군대로 최후의 거점을 서울로 정하고 서울 시내의 큰 건물을 토치카로 삼아 최후까지 저항할 것 같으며 이에 대해 미군은 서울 시내 모든 것을 완전 파괴·소각하는 전법을 쓸 것이다. … 나는 이 문제가 너무도 심각하게 느껴져 SCAP에 맥아더 장군 면회를 요청했다. 맥아더 장군의 부관은 그날따라 나에게 면회의 용건을 물었다. 나는 서울시 수복작전에 관한 것이라고 대답해 두었다.

… 나는 맥아더장군에게 인사를 건넨 후, UN군 반격에 따른 서울시 수복전략에 대해 의견을 말씀드리러 왔다고 전제하고 서울시 공략에 있어서는 비록 시일이 걸리고 어느 정도 희생이 나더라도 전면 폭격 같은 것은 하지 않도록 해 달라고 강조했다. 맥아더장군은 성급한 내 말에 선뜻 납득이 안 가는 모양인지 도리어 이렇게 반문을 했다.

"왜요? 폭격에 의해 서울 거리가 잿더미로 화하는 것이 안타깝다는 뜻인가요?"

"네. 한 마디로 말해서 그렇습니다."

"그렇다면 김 공사, 그 점은 걱정 마시오. 원래 도시란 천재 또는 전화 등을 한번 겪고 나면 그전에 비해 몇 갑절 더 크고 좋은 새 도시로 부흥되게 마련이오. 더욱이 이번 한국의 경우에 있어서는 전후 우리 미국이 책임을 지고 재건을 도울 것이니 서울은 앞으로 이상적인 현대도시로 탈바꿈할 것이오."

"그것은 나도 짐작합니다. 물론 서울시가 전후에 훌륭한 신도시로 복구되는 것은 좋은 일입니다만. 그러나 나는 서울에 있는 우리 문화재와 사적이 타 없어지는 것을 가장 가슴 아프게 생각합니다. … 전후에 생길 이상적 신도시도 좋습니다만, 해석 여하에 따라서는 우리의 민족감정과 염원은 몇 개의 신도시보다 여기에 비중을 더하고 있다 해도 과언이 아닐 것입니다. 그런 뜻에서 서울 폭격계획을 철회하실 수는 없겠습니까?"

내 말을 다 듣고 나서, 맥아더장군은 어느 정도 수긍이 가는 양 묵묵히 고개를 두어 번 끄덕였다. 그러나 옆자리의 히키 참모장은

그것은 그것이고 작전은 작전이란 듯이, "하지만 전략상
서울폭격을 안 할 수 없는 일이 아니겠소" 하고
약간 퉁명스럽게 대꾸했다. 맥아더 장군은 그 말을 가로막듯,
"아니오. 김 공사는 매우 뜻깊은 말씀을 했소" 하고,
히키 참모장에게 김 공사의 의사를 신중히 검토해 보라고
분부했다. … 히키 참모장은 벽에 붙어 있는 지도 중에서 정밀한
서울시가 지도 한 장을 떼어 테이블 위에 펼쳐 놓고 나로 하여금
문화재와 사적보존을 위해 파괴해서는 안 될 지점을 차례차례
색연필로 표시하라 했다. 나는 처음엔 덕수궁-경복궁-창경궁-
남대문-동대문 등 몇 군데를 중점적으로 가려 붉은 칠을 하다가
대략 정동을 기점으로 남대문을 거쳐 퇴계로 A 에 이르는
반월형의 지형을 따라 광범위하게 선을 긋고 그 선의 동-남-
서를 모두 폭격대상에서 제외해 달라고 말소리에 힘을 주었다.
이에 대해 참모들은 전략상 도저히 따를 수 없다고 잘라 말했다.
그래서 나는 다시 범위를 좁혀 정동에서 을지로-왕십리에
이르는 선을 그어 보였다. 그것도 용납할 수 없었던지 히키
참모장은 이번엔 아예 나를 제쳐 놓고 손수 색연필을 들었다.
그는 정동에서 구부스름하게 청계천 B 으로 선을 그어 보이며,
이 정도로 최선을 다해 보겠지만 그렇다고 절대보장은 다짐할
수 없으니 양해하라고 덧붙였다. 나는 다시 히키 참모장이 그어
보인 그 선에서 자칫 밖으로 밀려 나갈 위험성이 내다보이는
덕수궁 C 과 처음부터 선 밖에 놓이게 된 남대문 D 등의 두
지점에 대해서는 특별 배려를 잊지 말아 달라고 거듭 부탁했다.
— 김용주, 『풍설시대 80년: 나의 회고록』(1984) 중에서 ✳

35 서울시가지도(Seoul Road Map)
후면. 서울중심부를 보여 주는 지도로 미 육군
극동지도국에서 1950년대 중반 발행했다.
(폭격 지역 관련 표시는 저자)

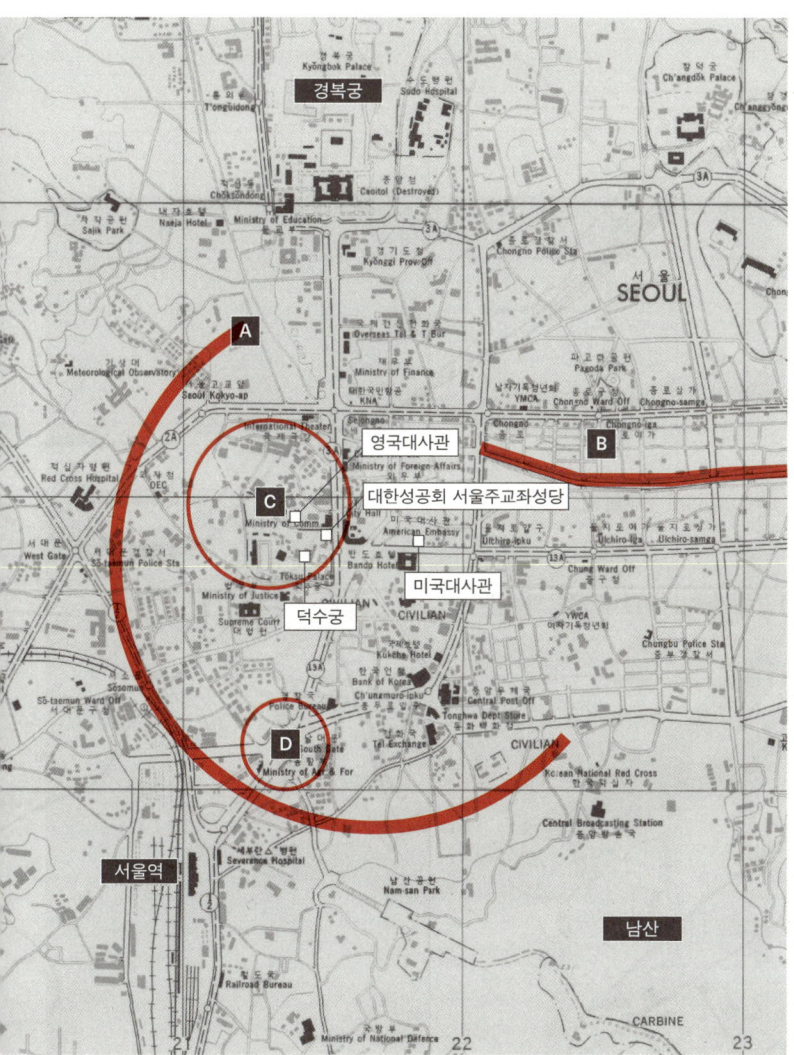

36

김 공사의 예상대로 서울 중심부에 행해진 미 공군의 대규모 폭격은 인천상륙작전 닷새 앞선 9월 4일부터 13일까지 열흘간 지속되었다. 서울 폭격 범위에 관해 남아 있는 공식적인 기록은 "인천 중심 반경 50킬로미터 이내, 즉 군사 지표상 31 Dump Mud로 표시된 지역에서 교통의 요점이 될 만한 것은 전부 파괴한다"라는 것뿐인데, 김 공사의 회고를 통해 '폭격으로부터 보호되어야 하는 구역'을 미국과 사전에 논의했다는 걸 알 수 있다. 대화 내용에 언급된 보호 구역은 전쟁의 피해를 상대적으로 덜 입고 현재까지 전반적으로 잘 보존되어 있다. 즉 서울 중심부의 중요한 유적인 고궁들과 남대문, 영·미 대사관과 성공회 성당이 모여 있는 지역, 그리고 을지로 지역의 명동성당만을 제외하고는 무차별 폭격을 당했다. 어쩌면 미군은 약속한 몇 구역만을 빼고는 서울 탈환이라는 목적을 위해서 어디든 파괴할 수 있다는 면죄부를 얻은 것일지도 모르겠다. 결국 무고한 인명 피해는 물론 상대적으로 덜 중요한 문화재로 여겨져 전쟁 기간 중 막대한 피해를 입은 서울 시내의 수많은 근대 건축물들은 전후에 혼란한 국내 형편상 복구되지 못하고 대부분 그대로 철거되어 버렸다. 급박한 전쟁 상황에서 작전을 수행하며 지켜야 할 것들 사이 가치의 경중을 따지는 것은 이해가 가지만, 그 피해 범위를 최소화하지 못한 점과 전쟁이 끝나고도 일부의 가치가 있는 건축물들을 중심으로 한 복구작업을 할 여유가 없었던 당시 한국의 경제적 여건이 여전히 아쉽게 느껴진다.

36 맥아더 장군이 지휘한 인천상륙작전은 실행 2주 만인 1950년 9월 28일 서울을 다시 탈환함으로써 마무리되었다. 사진은 그다음 날인 29일 서울 수복기념식에서 맥아더 장군이 연단에 서서 기도하는 장면을 포착했다. 장소는 당시 국회의사당 기능을 하고 있던 서울중앙청, 옛 조선총독부 대회의실이다.

수도를 탈환하기 위한 남북 간의 전투가
여러 차례 벌어지며 서울 전역은
회복되기 힘들 만큼 큰 피해를 입었다.
미 공군 공습에 이은 한미연합군과
인민군 사이의 시가전은 예상보다 오래
지속되었다. 서로의 바리케이드를
둘러싼 공격과 방어 전투 중 건축물들에
대한 방화도 벌어졌다. 최종적으로
한미연합군이 서울을 탈환한 때는 전쟁이
발발하고 약 90일이 흐른 9월 28일이다.
폐허로 변한 서울을 마침내 되찾은 이날,
명동성당의 종소리가 울려 퍼졌다.

37　1950년 9월 서울수복 후 중앙청 국기
게양대에 유엔 깃발이 펄럭이고 있다.

38 1950년 10월 미군이 촬영한 서울 시내. 멀리 북악산을 등지고 있는 옛 조선총독부 청사가 보인다. 태평로 인근에서 찍힌 것으로 추정되는 이 사진은 무참히 파괴된 건축물 잔해를 보여준다. 태평로는 구한말부터 일제시대까지 관공서가 많이 들어서 있었던 거리로, 대표적 건물로는 중앙전신국, 전화국, 체신국, 소방서, 방송국 등이 있었다.

39 1950년 국방부 정훈국 소속 임인식 사진대 대장이 찍은 남대문 주변 시가지.

41

40 1950년 9월 남대문로에서 바라본 서울역의 모습. 이 일대는 공습 범위에 포함되어 건축물의 피해가 컸다.

41 1951년 촬영된 서울시청. 공습범위에 비켜 있던 정동 주변은 상대적으로 온전히 보전되었다. 왼쪽은 덕수궁의 대한문이고, 그 뒤로 보이는 높은 탑은 지금 서울시의회로 사용되는 건물의 일부이다.

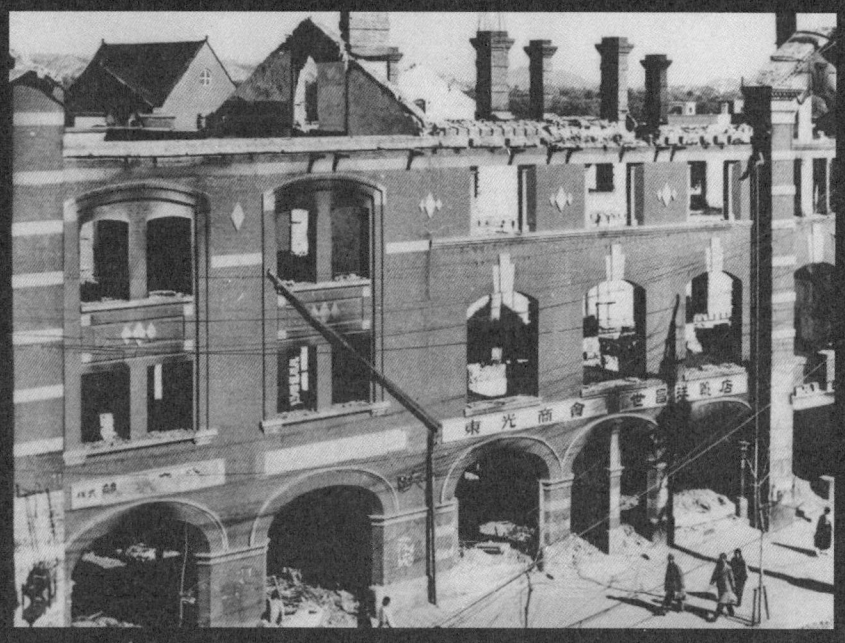

42

42 종로에 위치했던 YMCA 건축물이 1950년 9월 벌어진 시가전에서 피해를 입은 모습.

43 남대문로에 위치했던 중앙우체국 건물. 식민시대에 화려하게 건축된 이 건물은 경성의 대표적 랜드마크였다. 시가전 도중 방화와 공습 피해를 입어 돔 지붕이 모두 무너져 내렸다. 결국 전후에 철거된 뒤 새로운 우체국 건물이 들어섰다.

44

45

44 종로 동숭동 옛 서울대학교 본부로 이전에는 식민시대 경성제국대학 건물이었다. 한국전쟁 중에는 미8군 사령부가 주둔해 있었다. 건물의 국기 게양대에는 성조기와 유엔기가 펄럭이고 있다.

45 사진 43을 다른 측면에서 촬영한 1953년 사진이다. 왼쪽 붉은 벽돌건물이 중앙우체국, 오른쪽에 보이는 건물이 미츠코시백화점 건물이다. 1950년대에는 PX로 사용되었다.

46

46 남산 국립과학박물관(전 왜성대 조선총독부 청사)이 미 공군 폭격으로 심각한 피해를 입어 기둥만 겨우 남아 있다. 이곳은 전후 완전히 철거되었다. (사진: 임인식)

47 시가전으로 피해를 입어 외관이 그을린 화신백화점의 모습이다.

1970년 공사가 진행중인 남산 터널.

서울시는 남산을 요새화하고 교통의 빠른 소통을 위해 남산 밑에 동서남북의 2개 간선터널을 400일 만에 뚫기로 했다. 김현옥 서울시장은 남산을 남북으로 꿰뚫는 1호터널 간선과 용산동 군인아파트에서 장충체육관에 이르는 2호터널 간선을 3월 중 착공, 1970년 안으로 모두 완공하겠다고 밝혔다. … 이 남산 밑 터널공사는 이미 대통령의 재가를 얻었다고 김 시장은 덧붙였다.

"남산을 요새화", 『경향신문』, 1969.3.4.

서울 요새화 계획

1953년 7월 27일 남북 간의 정전협정이 체결되었다. 3년간 이어졌던 내전은 중단되었지만, 온전한 의미의 종전을 의미하는 것은 아니었기에 그 보이지 않는 후유증은 한반도 전체에 남은 물리적 상처와 함께 오래도록 지속되었다. 불안한 휴전 상황에서 1960년대 이후 한국에 형성되기 시작한 반공 이데올로기는 5.16 쿠데타를 통해 수립된 군부정권 치하에서 보다 효과적으로 활용되기 시작하였다. 군사 정권의 수장이었던 박정희는 혼란스러운 국내 상황을 통제하고 경제 성장이라는 공동의 목표에 전 국민적 관심과 노력을 효율적으로 집중시키기 위하여 외부의 적인 북한을 더욱 구체화하고 남북대립 상황을 상기시켰다. 박정희 정권기, 이 같은 반공 이념이 극대화되어 도시 건설계획 전체에까지 영향을 끼치게 한 사건이 일어나는데 바로 1968년 발발한 1.21사태이다. 박 대통령을 암살하려는 31명의 북한 무장공비들이 청와대 인근 북한산 자락까지 침투했다가 붙잡힌 이날의 사건으로 제2의 한국전쟁이 가까운 미래에 또다시 벌어질지 모른다는 사회적 불안감이 극에 달했다. 이듬해 박정희는 신년사를 통하여 '올해는 모든 국민이 '싸우며 건설하자'는 각오와 신념을 굳건히 하자'라는 메세지와 함께 '국방이 즉 건설이요, 건설이 곧 국방이다'라고 강조했는데, 당시 김현옥 서울시장은 이를 곧바로 도시 계획안에 반영하여 '서울요새화 계획'을 발표했다.

    서울요새화 계획 중에서 가장 대표적인 것은 남산터널과 을지로 주변 지하도 시설들이다. 박 대통령의 신년사가 있고 바로 2개월 뒤, 김 시장은 남산의 허리를 뚫어 서로 십자로 교차하는 두 개의 터널을 준공한다는 계획을 발표했다. 유사시 30~40만의 시민들이 대피할

48 1.21사태 이후 여의도에 박 대통령의 신년사가 반영된 "서울은 싸우면서 건설한다"라는 표어가 적힌 입간판이 설치되었다.

48

49

49 1970년 발매된 앨범 『싸우면서 건설하자』에 포함된 곡 리스트는 아래와 같다.

Side I			Side II		
	1	싸우며 건설하자		1	건설의 노래
	2	'건설의 해' 노래		2	예비군가
	3	승공의 노래		3	재향군인회가
	4	향토방위의 노래		4	멸공의 햇불
	5	농가의 부부		5	노래하는 제비
	6	살기 좋은 내 고장		6	청소년은 자란다
	7	학도찬가		7	이기자 대한건아

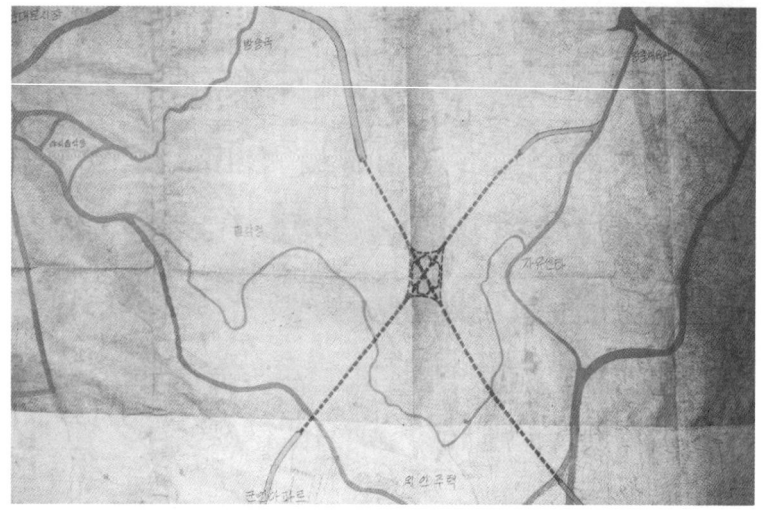

수 있는 방공호의 기능을 하도록 의도한 것이었다.※ 하지만 두 개의 터널이 십자로 만나는 본래의 계획안은 현실적으로 구현될 수 없는 설계였기 때문에 현재 우리가 아는 남산 1호 터널과 2호 터널과 같이 별도의 터널 형태로 완성되었다. 당시 서울요새화 계획 자체가 건설 현장의 전문가들의 조언을 수렴할 새도 없이 얼마나 급하고 무리하게 진행되었는지 알 수 있는 대목이다. 착공 후 1년 5개월 만에 먼저 완성된 남산 1호 터널은 1970년대 당시 우리의 자본과 기술로 지은 최초의 가장 긴 터널이었지만, 개통 초기에는 정작 터널을 통행하는 시민은 거의 없었다. 주변을 연결해 주는 도로들이 구축되고 나서야 비로소 제 기능을 하였고, 착공 당시에는 분명 교통보다는 방공 목적이 우선시되었던 것이다. 1970년 11월 30일자 『경향신문』에는 긴 터널을 처음 접한 시민들의 다양한 반응이 남겨져 있다.

> 남산을 십자형으로 꿰뚫는 두 개의 터널은 "하루가 다르게 변한다"는 서울의 건설상을 대변이나 하듯 거창하다. "명산에 구멍을 내다니" 하는 고로(古老)의 장탄식이 있었다지만 우리나라에서 제일 긴 차량전용 터널이다. … 우리나라 최초로 산 밑에 뚫린 십자형 터널이란 기록을 낳고 "우리 돈, 우리 기술로 해본 최난(最難)의 공사였다"는 이 두 개의 터널은 이제 남산의 새 명물이 되었다. 하지만 예상 밖에 통행 적고 신랑신부 차가 남산에 들러 특별한 날 통과하는 정도로만 사용되고 있다. 8개월째 택시를 몰지만 1호 터널은 한 번도 지나가 보지 못했다는 택시운전사 김OO 씨(28)는 "통행료가 너무 비싼 탓"이라고 명물을 구경 못 한 까닭을

50 남산 지하개발 지도. 초기 남산 1호 터널과 2호 터널은 서로 십자로 교차하고 만나는 지점에 교통광장이 있어 유사시 방공호의 기능을 할 수 있도록 계획되었다. 그러나 이는 현실적으로 구현될 수 없는 디자인이었기 때문에 지금같이 두 개의 터널 형태로 완성되었다.

설명한다. … 이 밖에 이 굴을 기피하는 이유 중 "굴 속의 나트륨등에 비친 차 안의 사람 얼굴이 흉하게 보여 소름이 끼쳐 질색"이라는 운전사도 있고, 통행료를 손님과 택시운전사 중 누가 내느냐로 말썽을 빚기도 하기 때문이다.

시간이 흘러 지금의 남산 1호 터널은 서울 중심부를 관통해 강북과 강남을 잇는 중요한 역할을 하게 되면서 통행량이 는 반면 2호 터널은 구체적인 교통 유동량 수요를 염두에 두지 않고 공사를 먼저 진행시킨 탓에 여전히 그 기능이 애매한 채로 남겨져 있다.

한편 남산 터널이라는 방공호 시설만으로 충분히 안심할 수 없었던 박 대통령은 같은 기간 서울 도심 곳곳에 지하보도를 집중적으로 건설하도록 지시했다. 그 무렵 정부는 전쟁 시 '수도 포기'에서 '수도 사수'로 전략을 바꾸었다. 서울을 지키려면 전쟁이 나더라도 사람들이 서울에 남아 있어야 하고, 그러려면 대규모 대피시설이 필요했다. ※ 이를 적극적으로 반영한 시설이 '을지로 지하보도'로, 지금도 을지로 입구에서 을지로 6가까지 동서로 연결하는 기다란 쇼핑상가의 형태로 남아 있다. 이 지하보도는 서울시청 아래에서 시작하여 동대문 밖까지 2.7킬로미터 가까이 연결해 사대문 밖으로 대피할 수 있도록 계획된 것으로 비상사태 동안 지하 벙커의 기능을 할 수 있도록 설계되었다. 최소 두 달 동안 서울시 공무원들이 이 벙커 내에 머물며 시청 업무를 지속할 수 있을 정도의 기반 시설을 갖추었던 것이다.

건축물은 아니지만 '서울 요새화'라는 시대적 배경 아래 차가운 흔적을 남긴 기념물들이 있다. 서울의 주요 대로변에 전시되기 시작한 위인들의 동상이다.

51 1970년대 서울 중심부에 집중적으로 건설된 지하보도. 지금도 대부분 원래의 모습을 유지하고 있는 이 지하 쇼핑가가 과거 요새화 계획의 일부였다는 사실을 떠올리는 서울 시민은 드물다. 위는 1972년 지하 쇼핑가의 모습, 가운데는 1978년 개통한 회현 지하도, 아래는 1977년 청계천5가와 을지로5가를 잇는 방산 지하도가 개통한 모습이다.

이순신 장군 동상 제막식 세종로 1968

유관순 동상 제막식 태평로 1970

세종대왕 동상 제막식　사직공원　1968

김유신 장군 동상 제막식　태평로　1969

백범 김구 동상 제막식　남산공원　1969

정몽주 동상 제막식　제2한강교　1970

율곡 이이 동상 제막식 · 사직공원 · 1969

을지문덕 장군 동상 제막식 · 제2한강교 · 1969

정약용 동상 제막식 · 남산도서관 · 1970

퇴계 이황 동상 제막식 · 남산도서관 · 1970

52-53 1968년부터 1970년 사이
서울 곳곳에는 역사 위인들의 동상이 세워졌다.
박 대통령은 사진 속 제막식 행사에 모두 참석했다.

우리에게도 익숙한 광화문대로 한가운데 위치한 이순신 장군 동상에서부터 지금은 위치가 이동되었지만 본래 시청 앞 태평로에 나란히 있었던 김유신 장군 동상과 유관순 열사 동상, 제2한강교에 을지문덕 장군 동상, 장충단공원에 사명대사 동상이 대표적인 동상들이다. 오로지 동상 건립을 위해 설립된 '애국선열조상건립위원회'는 1968년 이순신 동상을 시작으로 5년간 총 15기의 동상을 서둘러 제작해 도시에 전시했다. 어떠한 의도로 동상 건립들을 추진했는지를 충분히 짐작해 볼 수 있다. 충돌하는 이념의 주체와 싸워 이겨야만 하는 시대, 외부의 적으로부터 조국을 지킨 시대의 영웅들 동상이라는 매개를 통해 국가가 시민들에게 전달하고자 하는 메시지는 분명했다. 이 프로젝트에 대한 관심을 반영하듯 박 대통령은 위원회 활동 후반기에 제작된 (또는 지방에 위치한) 3기를 뺀 12기의 동상 제막식에 모두 참석했다. 52,53

　　　　서울요새화를 대표하는 건축물로 남산 위에 건설된 '서울타워'를 빼놓을 수 없다. 236.7미터 높이의 이 철탑은 서울 전체를 내려다볼 수 있는 도시의 중심 산꼭대기에 위치해 있다. 1970년대 서울시 기획관리관과 도시계획국장을 지낸 손정목 서울시립대학교 교수에 의하면 이 남산타워(현 서울타워)의 주요한 목적은 북한으로부터 오는 전파와 선전방송 송신을 막기 위한 것이었다. 1969년 타워 건설이 시작될 무렵까지만 해도 서울 강북지역에서는 북한의 TV 방송을 시청할 수 있었고, 서울 전역에서는 북한으로부터 송신되는 라디오를 청취할 수 있었다고 하니 한국정부로서는 이 타워 역시 공산당의 불온한 선전물로부터 수도를 지키기 위한 군사적 목적이 반영된 건축물이었다. 이와 같은 이유로 남산타워가 처음 완공된 시기에는 보안상 이유로 대중들에게 개방된 공간이 아니었다.
더구나 1970년대 후반에 강북의 높은 건축물들의 북쪽 방향 창문들은
검은색으로 칠해 놓아야 했였는데, 다음 신문기사에서 유신정권이
끝나고 변화하는 시대의 분위기를 감지해 볼 수 있다.

'시원하게 트인 서울 도심 고층빌딩 북-서쪽 '검은 창'이 걷혔다',
『동아일보』, 1980.4.5.
서울 도심지 고층빌딩의 북쪽 서쪽면을 답답하게 가렸던 검은
창문이 시원하게 탁 트였다. 70년대 후반 들어 (안보를 이유로)
고층 빌딩의 사무실이나 스카이라운지 관광호텔의 객실
유리창은 열고 닫을 수 없게 벽에 고정시키고 내부에서 밖으로
내다볼 수 없게 불투명 유리를 끼우거나 검은 색깔로 도색하도록
당국에서 규제해 왔으나 지난 3월부터 시내 일부 고층건물들이
하나씩 가린 창문을 철거, 투명 유리로 갈아 끼우고 있다. 가린
창문을 철거한 곳은 롯데, 조선, 프라자, 로얄 등 관광호텔과
대검찰청 청사 등이고 조달청, 세종, 프레지던트, 도뀨, 삼일빌딩
등에서 당국의 지시를 기다려 검은 창을 없앨 방침으로 있다.

'체신부 "서울명물 남산타워 개방할 단계 아니다"',
『동아일보』, 1980.4.12.
서울의 명물인 동양 최고의 남산타워가 시민들과
외래관광객들에게 개방되어야 한다는 여론이 대두.
이 같은 여론은 '보안'을 이유로 오랫동안 가려졌던 서울 도심
고층빌딩들의 북쪽 창문이 최근 일련의 정시상황 변화와

54

함께 하나씩 걷혀지면서 일게 된 것이다. 그러나 남산타워의
주인인 체신부 측은 이 탑에는 서울의 모든 TV 라디오 방송국
등 공민영방송국의 중계 안테나가 수용돼 있고 주요 정부기관의
통신안테나도 많이 설치되어 있어 전파관리상의 문제가 있을
뿐 아니라 남산 바로 밑 용산 쪽의 군시설을 보호하기 위해서도
개방할 단계가 아니라고 부정적인 반응이다.

남산이 대중들에게 인기있는 관광지로 변화하기 시작한 것은
1980년으로 타워 안의 전망대 시설도 이 시기에 새롭게 단장하여
개장했다. 남산 위 요새화 기능을 담당했던 터널과 타워 모두 지금은
군사적 기능을 전혀 담당하고 있지 않다.
    마지막 요새화 관련 건축시설은 군사도로의 기능을 목적으로
지어진 북악 스카이웨이와 잠수교이다. 특히나 북악 스카이웨이는
1.21사태 직후 한 달 만에 착공해 같은 해 9킬로미터 구간을 완공했을
정도로 급속도로 진행 및 완성된, 청와대 최후의 방어벽 기능을 하는
군사도로였다. 사건이 일어난 1960년대 말, 북한산 인근 지역은 외진
산길이 많아 군인들이 순찰을 돌기 어려울 뿐 아니라 설령 외부의 적이
숨어들어도 탐색이 힘들었기 때문에 군용차가 상시 순찰이 가능하도록
도로를 건설해 보완한 것이다. 한강에 건설된 잠수교 역시 전쟁상황을
대비하여 독특한 형태로 설계되었다. 교각의 사이 간격이 좁아 보기에
흉하다는 의견도 있으나, 이는 전쟁 중 파괴가 되더라도 빠르게 복구할 수
있는 최적의 형태를 고려한 것이다. 동시에 반포대교 밑에 숨겨져 건설되어
공중에서는 다리의 존재를 확인할 수 없도록 의도되었다. ※ 지금은 두 지역
모두 시민들이 여가시간을 보내기 위해 많이 찾는 장소가 되었다.

54   남산이 관광지로 개방된 것은 1980년으로
타워 안의 전망대도 이때 새롭게 개장했다.
1983년 찍힌 이 사진은 남산타워와 지금은
사라지고 없는 식물원, 그리고 분수대를 담고 있다.

서울에는 70년 전의 내전으로 인한 후유증이 여전히 곳곳에 남아 있다. 전후 30년 가까이 집권해 온 군사 정권은 북한의 남침을 대비한다는 표면적 목적 외에 일시적으로 멈추었지만 언제든 다시 시작될 수 있는 전쟁에 대한 긴장감을 조성하고 유지할 필요가 있었고 이를 위해 서울이라는 공간 안에 이 거대한 건축 구조물들을 마치 전시하듯 배치해 놓았을지 모른다. 하지만 시간이 흐르면서 서울을 물리적 전쟁의 위협으로부터 보호한다는 초기의 목적은 서서히 잊혀 가고 있다. 유령처럼 여전히 도시 안에서 숨 쉬며 어느새 일상적이고도 익숙한 풍경으로 바뀐 이들을 우리는 어떻게 바라보고 있을까. 불안정한 남북의 대치상황을 상기시키는 이 건축물들을 의식적으로 무시하고 있는 것은 아닐까.

55 북악 스카이웨이는 미아리고개에서 창의문까지 8,202미터 길이의 능선도로로 완성되었고 총 공사비는 4억 3백만 원이 들었다. 사진은 착공과 같은 해인 1968년 완공된 모습이다.

56 1981년 이중데크 구조로 건설 중인 반포대교와 잠수교.

3장　숨겨진 건축,
　　　군사정권과
　　　발전국가 시대

1963—1979

남산 예장동에 위치했던 중앙정보부 제1별관이 폭파 철거되던
장면을 보도한 MBC 「뉴스데스크」, 1996.8.4.

「국민교육헌장(國民敎育憲章)」 중에서

우리는 민족중흥의 역사적
사명을 띠고 이 땅에 태어났다.…
반공 민주 정신에 투철한
애국 애족이 우리의 삶의 길이며,
자유 세계의 이상을 실현하는
기반이다. 길이 후손에 물려줄
영광된 통일 조국의 앞날을
내다보며, 신념과 긍지를 지닌
근면한 국민으로서, 민족의
슬기를 모아 줄기찬 노력으로,
새 역사를 창조하자.

1968년 12월 5일 「국민교육헌장」의 선포식 모습이다. 모두 393자로 작성된 「국민교육헌장」은 당시 국정교과서의 맨 앞쪽에 실렸고, 국민학생들은 이를 암기해야 했다. 이 「국민교육헌장」은 문민정부가 출범한 뒤인 1994년 교과서에서 삭제되었다.

군사정권의 두 가지 전략

한국전쟁 이후 반세기 동안 대한민국은 급속한 경제 발전을 이루었다. 이 고도 성장은 '한강의 기적'이라고 불리는데 박정희 전 대통령의 재임기(1963-1979)와 겹쳐져 있어 그의 업적을 압축해 전달할 때 자주 인용된다. 5.16 군사정변을 통하여 정권을 잡은 그에게 있어서 국가 지도자로서의 정당성이 부족하다는 사실은 취약점이었고, 그 스스로도 이러한 국내외의 정서를 충분히 인식하고 있었다. 그렇기 때문에 단순히 쿠데타로 권력을 취한 군인이 아닌 전후라는 혼란한 시기에 국내 정세를 잘 수습하고 강력한 국가주도의 경제 성장을 이끄는 '지도자'로서의 업적이 그 무엇보다도 필요했었다.

  박정희 정권이 불안한 정치적 기반을 단단히 하기 위해 활용한 전략은 크게 두 가지였다. 하나는 앞서 말한 '경제 성장', 다른 하나는 '반공 이데올로기'였다. 박 전 대통령은 일제시대 군장교로 활동한 것과 남조선로동당 출신이라는 전력 때문에 집권 초기 집중적으로 이념적 의혹에 시달렸다. 미국 정부 역시 쿠데타 직후부터 박정희의 이념 성향을 의심했던 것으로 알려져 있는데, 반공주의를 국가 정책에 적극적으로 반영하는 것이 본인을 둘러싼 이러한 의심을 해소시키는 가장 효과적인 해결 방안이었을지 모른다. 따라서 그가 추진한 경제개발 프로젝트들과 그 성과를 북한의 사회주의와 대비해 적극적으로 선전할 때는 두 가지 전략을 모두 동원하여 국민적 지지를 얻어 내고 동시에 미 정부에 스스로를 증명하고자 했다. 이러한 군사정권의 지배 전략은 빠르게 진행되던 서울의 경제개발 프로젝트 곳곳에 반영되면서 도시에 흔적을 남겼다. ✺

57 1963년 5대 대통령 취임 축하 파티. 촬영 장소는 옛 조선총독부 청사이다.

58 위는 1967년 6대 대통령 취임을 축하하는 시가 행진. 사진에서 일제시대 지어졌다가 철거된 옛 경성소방서(1937-1978, 높은 탑으로 된 건물)를 확인할 수 있다. 아래는 1971년 7대 대통령 취임식이 열린 옛 조선총독부 청사.

59 위는 1972년 8대 대통령 취임식이 치러진 서울시청. 아래는 1978년 9대 대통령 취임식이 열린 장충체육관.

프로파간다를 위한 거대한 무대

1960년대 말부터 1970년대 초까지 서울 시내 주요 대로들과 공원 안에 집중적으로 설치된 순국선열 동상들은 52,53 이 땅 위에 전쟁은 언제든지 다시 일어날 수 있다는 사실을 시민들이 잊지 않도록 일깨우는 역할을 했다. 외부의 적, 즉 공산주의 진영과 완전히 대치되는 지점에 우리 스스로를 위치시키고 이를 대외적으로 알려 든든한 지원을 얻는 일이 군사정권에게는 집권 초기에 급선무였다. 이러한 반공이데올로기를 오롯이 구현하기 위해 지어진 건축물이 있다. 군사정권의 첫 반공주의 건축이라 할 수 있는 남산 위에 자리한 '자유센터'이다. 박정희는 1961년 정권을 잡은 후 이듬해 곧바로 서울에서 아시아반공연맹 임시총회를 개최해 각국의 대표들을 모아 놓고 반공주의자로서의 의지를 강력하게 표명하였다. 그해의 임시총회에서 주 안건은 바로 이 자유센터의 건립이었다. 애당초 한국이 제안한 명칭은 '반공센터'였지만, 임시총회기간 각국 대표들과의 논의 과정에서 센터의 이름에 관한 수정 요청과 제안들을 수용해 최종적으로 자유센터로 명명되었다.

'아주민족자유센터, 일 대표가 개칭 희망', 『경향신문』, 1962.5.12.
일본대표단의 수석 대표자인 치바 사부로(千葉三郎) 씨는
12일 아침 '반공센터' 창설을 지지한다고 기자에게 말했다.
일본대표단의 이와 같은 태도 표명은 중국, 일본 등 일부
대표들이 센터 장소를 달갑지 않게 생각하고 있다는 우려와는
판이한 것이다. 일본대표단은 그러나 이 센터의 명칭을
'아주민족(亞州民族)자유센터'라는 부드러운 명칭을 붙이는

60 1964년 12월 3일 개최된 자유센터 개관식.
자유센터는 아시아 자유국가에 대한 공산 침략을
막고 평화와 안전을 지키자는 뜻에서 1962년
아시아반공연맹 임시총회에서 설치가 결의되었다.

것을 희망하고 있는 것으로 알려지고 있다.

'自由(자유)센터 韓國(한국)에 설치', 『조선일보』, 1962.5.15.
반공센터 한·중 절충안 채택. 그새 아세아반공연맹 임시총회의
순조로운 진행을 막고 있던 '반공센터' 설치안을 둘러싼 이견은
그 이름을 '아세아민족반공연맹 자유센터'라고 고쳐 연맹
기관으로서 한국에 둔다는 데 합의가 이루어져 일단락을 지었다.
… 각국에서 파견되는 반공요원의 훈련을 주된 임무로 하는
자유센터 설치 결의안은 14일 밤 조선호텔에서 열린 위원회에서
자구수정을 마쳤는데 15일 아침 8시 반 특별히 소집되는 제5차
본회의에 상정, 최종적 심의를 받게 된다.

'反共自由(반공자유) 센터안 가결?', 『경향신문』, 1962.5.15.
주 의제인 반공센터 창설문제는 중국, 홍콩 등 일부 대표의 끈덕진
이견고집으로 총회 마지막 날까지 난산을 거듭했으나, 14일 오후
한·중 양국대표 간의 극적인 타결 성립으로 무난히 발족을 보게
되었다. … 두 나라의 주장을 절충하여 센터의 명칭을 한국에 두는
'아세아반공연맹 자유센터'로 고쳐 만장일치로 가결하였다.

같은 해 9월, 자유센터는 곧바로 착공되었고 12월 완공되었다. 비슷한 시기에 계획된 국회의사당 건립이 군사정변 직후 경제적 어려움을 이유로 중단되었던 것에 비추어 볼 때, 계획에서 완공까지 4개월 만에 서둘러 공사가 진행된 자유센터 건립은 그와 대조적이다. 이는 박정희가 자신의 전력과 관련한 의혹을 잠재울 시급한 수단이 필요했기 때문은 아닐까? ※

---

61 1962년 11월 공개된 자유센터의 모형 이미지. 1) 자유센터 2) 국제회의장 3) 국제자유회관 4) 기념관 5) 기념탑 6) 클럽 7) 주차장 8) 자유의 광장 9) 공원광장 10) 정문. 이 중 센터 본관과 국제자유회관(타워호텔), 광장을 제외하고 나머지 시설들은 예산이 부족해 실현되지 못했다. (『경향신문』, 1962.11.15.)

63

62 완공된 자유센터의 모습. 당시 국내에서는 새로운 시도였던 노출콘크리트 마감 기법으로 지어졌다. 건물의 전후면에는 넓은 광장이 자리해 있는데, 사람들이 수평으로 긴 센터 전체의 모습을 한눈에 볼 수 있도록 일부러 빈 공간을 둔 것이다.

63 자유센터의 독특한 외형적 특징은 하늘을 향해 말려 올라가는 곡선 지붕이다. 곡선 지붕이 있는 쪽은 건축물의 후면부에 해당한다.

64 자유센터 건립을 위한 모금을 선전할 때 사용된 이미지이다. 건물의 정면인 주출입구 모습으로 강렬한 시각적 인상의 기둥장식이 나란히 도열해 있어 수직성이 극도로 강조된 인상을 준다.

자유센터 건립은 1인당 국민소득이 87달러에 불과하던 1960년대 한국의 경제상황을 고려하면 어마어마한 액수인 국가보조금 1억 원과 국민성금 1억 5천만 원이 투입된 대규모 국가프로젝트였고, 당시 정권의 신임을 받던 건축가 김수근이 설계했다.

   이 육중한 노출 콘크리트 건물은 완공된 이후로 아세아반공연맹 본부 사무국 외에는 특별한 용도가 없었기 때문에 그 자체가 건축물이라기보다는 이데올로기를 형상화한 정치적 기념물로 흔히 비유된다. 특히 이 건축물의 두드러지는 외형적 특징인 하늘을 향해 말려 올라간 지붕의 곡면과 건물의 중심부에 나란히 도열해 수직성을 강조하는 기둥 장식 때문에 '정치적 신전'으로 표현되기도 한다.[※] 또한 북쪽 하늘을 향하여 과장되어 휘어진 곡선지붕과 마치 군화가 도열해 있는 것처럼 보이는 열주기둥들 때문에 북진통일을 형상화한 건축물이라 해석하는 건축가도 있다.[※※] 이러한 전문가들의 해석을 참고하지 않더라도 실제 이 건축물을 방문해 보면 건물의 전면과 후면이 뒤바뀐 듯한 어색한 인상을 받는데, 이는 우리에게 익숙한 독특한 곡선지붕이 사실은 건물의 주 출입구 반대편에 위치해 있기 때문이다. 이와 관련해서는 당시 이 건축 프로젝트를 주도한 주인공의 동선을 시뮬레이션하여 상상해 보면 설명이 될 것 같다. 주 출입구 앞, 차에서 내린 주인공이 뚫려 있는 건물 중앙홀을 통과하여 건물 후면쪽으로 이동, 내려가는 계단 앞에 잠시 선다. 그러면 그 앞 커다란 광장에 모여서 환호하는 시민들이 내려다 보인다. 같은 순간, 아래 광장의 시민들에게는 이 모습이 어떻게 보여질까. 하늘로 솟은 거대한 곡선지붕과 높은 계단, 그 위에 후광을 받으며 서 있는 주인공의 모습을 상상하며, 건축가는 마치 무대의 한 장면을 그리듯 설계하지 않았을까.

65 자유센터 본관과 국제자유회관(오른쪽 타워)의 모습이다. 국제자유회관은 한국전쟁 때 남한을 위해 파병한 16개국에 우리나라를 더한 숫자인 17층으로 지어졌다. 이 건물은 실제 자유회관으로 사용되지는 않았고 이름을 바꿔 '타워호텔'로 영업했다. 지금도 반얀트리 서울 호텔로 사용되고 있다.

66

자유센터는 서울 어디에서나 볼 수 있도록 남산 위에 세워졌다는
기념비적 기능 외에 사실 뚜렷한 용도가 없었다. 박 전 대통령이 서거한
후 1980년대까지 아세아반공연맹이 중심이 되어 해외로 나가는
공무원과 유학생들을 대상으로 반공과 안보 교육을 하는 장소로만
주로 활용되었다. 실질적으로 뚜렷한 용도를 계획하고 설계한 것이
아니기에 내부 공간을 사용하는 데 효율성이 좋지 못한 탓도 있었다.
오늘날에는 과거 반공연맹에서 이름을 바꾼 한국자유총연맹이 여전히
건물을 소유하고 있는데, 1990년대 소련이 붕괴되고 국내에서도 점차
'반공'이라는 어휘를 내세우지 않는 추세에 따라 조직의 이름에 변화를
준 것으로 보인다. 오늘날 자유센터는 대부분 웨딩홀 용도로 활용되었고
후면부 광장은 자동차 극장과 택배물류회사의 전용주차장으로도
사용되었다. 용도를 변경하는 과정에서 본래 위압적으로 보이던 노출
콘크리트 표면을 밝은 에메랄드색 페인트칠로 덮어 버렸는데, 변화한
시대에 발맞춰 지나간 시대의 낡은 이념성을 가장 빠르고 효과적으로
지우는 방법이 바로 새로운 한꺼풀을 덮어씌우는 것이 아니었을까.

   박정희 정권의 경제성장 업적을 기념하는 대표적인 건축물로는
세운상가를 들 수 있다. 세운상가는 1967년부터 1972년까지 세운,
현대, 청계, 대림, 삼풍, 풍전(호텔), 신성, 진양상가가 차례로 건립된,
총길이 약 1킬로미터에 달하는 메가스트럭처이자 국내 최초의
주상복합건물이다.※ 당시 '세계 제일 규모의 건축 사업'이라 불릴 정도로
다소 무모해 보이기까지 했지만 박정희와 불도저 시장 김현옥, 그리고
건축가 김수근의 조합이라 추진될 수 있었을 것이다. 지금으로서도
그 규모와 외관이 파격적인데 특히 상가아파트 건물군 사이를 연결하는
공중보행로는 한국에 처음 시도된 것이기에 당시 큰 이목을 모았다.

66 자유센터의 현재 모습. 입구에 연맹 이름을
써 놓은 간판을 제외하면 과거의 흔적을 찾기
힘들다. 한편 2024년 3월, 문화체육관광부는
자유센터를 한국자유총연맹으로부터 장기 임차해
2026년까지 '공연예술창작센터'로 전환한다는
계획을 발표하였다.

'문을 연 세계제일', 『조선일보』, 1967.7.27.
입주 상인들과 시민들이 벌떼같이 몰려 규모에 놀라고 양 끝이
보이지 않는 옥내 도로를 따라 긴 다리를 건너는 기분을 냈다.
느린 걸음으로 20분이 걸리는 1킬로미터의 직선거리. 계단마다
생화분이 즐비하고 규격이 같은 흰 빛깔 상호판이 가로등처럼
끝 간 데를 모르게 휘황하다. … 공사에 투입된 철근은
7,002톤으로 대한중공업의 1년 총생산량의 3분의 1.
한동안 서울 시내에 철근이 모자라 값이 뛰기도 했다.

준공 초기에는 고층부의 고급아파트와 저층부의 다양한 상점들로 채워져 있었지만, 강남 개발과 함께 주거기능의 수요가 줄고 동시에 전자제품 상점들의 비중이 늘어나며 1970년대에는 대표적인 전자상가로 이미지를 굳혔다. 하지만 1990년대 이후로는 전자업종의 유통 흐름이 변화하고 점차 시민들의 발길이 뜸해지며 주변지역들이 슬럼화되기 시작했다. 건물의 노후화, 그리고 유신정권의 잔재라는 이유로 끊임없이 철거 논쟁이 지속되었고, 2009년 주변지역 재개발을 위하여 4개의 건물군 중 하나인 '현대상가'가 철거되었다. 2012년 나머지 건물군에 대한 철거 계획이 취소되고, 도시재생 방향으로 정책이 전환되는듯 했지만, 이후 다시 정권이 바뀌면서 2024년 3월 서울시는 세운상가 일대를 공원화하는 '세운재정비촉진지구 재정비촉진계획'을 확정하였다. 우선 사업으로 삼풍상가와 PJ호텔(풍전상가)이 철거되고 2031년까지 공원화될 예정이라 밝혔다.

67 1973년 항공촬영된 을지로 일대. 크게 4개의 건물군으로 이루어진 세운상가가 일자로 늘어선 모습이 보인다. A) 현대상가 (1967년 완공, 2009년 철거) B) 세운 가동 상가 (1967년 완공) C) 청계상가 (1972년 완공) D) 대림상가 (1972년 완공) E) 삼풍상가 (1969년 완공) F) 풍전상가 (1981년 완공) G) 신성상가 (1968년 완공) H) 진양상가 (1970년 완공).

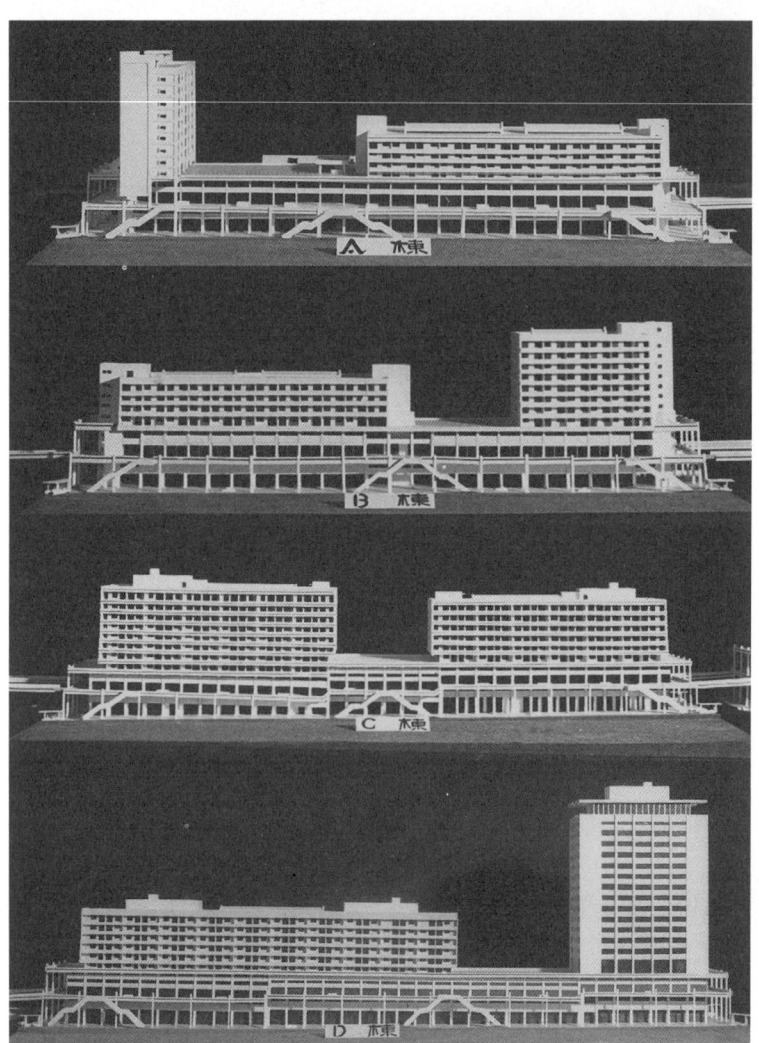

68

69

68 세운상가의 모형. 위부터 A~D동의 모습으로 4개 건물군의 측면 모습을 확인할 수 있다. 최종적으로는 원래의 설계대로 공사가 진행되지 않았다.

69 세운상가 양쪽에 설치된 공중보행로. 전체 건물군 사이를 잇도록 설계되었지만, 현실적 이유로 온전히 구현되지 못하고 일부분에만 반영이 되었다.

70 2010년 세운상가 옥상에서 바라본 서울 시내.

서울 풍경이 하루가 다르게 급속도로 변화한 시기는 '불도저 시장'이라는 별명으로 익숙한 김현옥 시장의 재임기(1966-1970)와 겹친다. '조국의 근대화'를 모토로 굵직한 도시개발 프로젝트들이 진행되면서 지금 서울에 가까운 공간 기획이 짜여진 시기이기도 하다. 경제성장의 성과를 안팎으로 과시하기 위해 서울이 얼마나 숨 가쁘게 개발되어 왔는지 서울시정사진 기록물 속 조감도 이미지를 통해 살펴본다.

72 서울시 홍보간판(1969).
73 서울역-아현고가도로 공사 조감도(1969).
74 1969년 11월 촬영된 서울역 - 아현고가도로 건설현장과 서울역 앞 지하도.

서울역-아현고가긴

고가도로공사 조감도

75

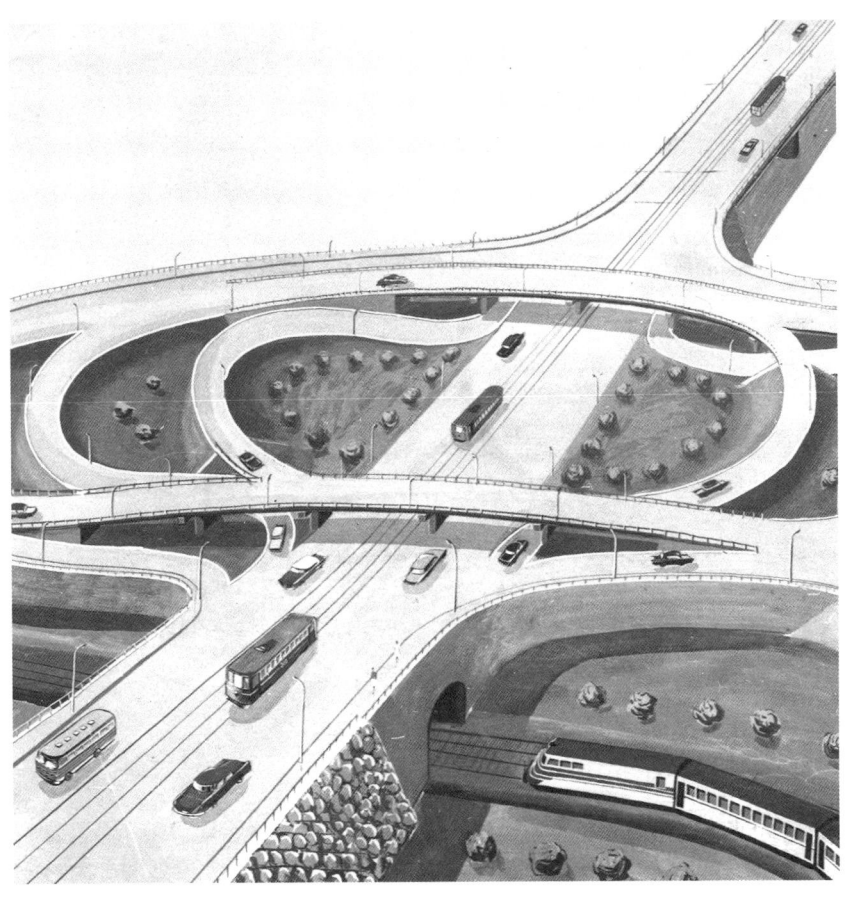

75 평화교 가설공사 조감도(1969).
76 북한강입체교차로시설공사 조감도(1968).

漢江建設計劃

江辺1路에서본全景

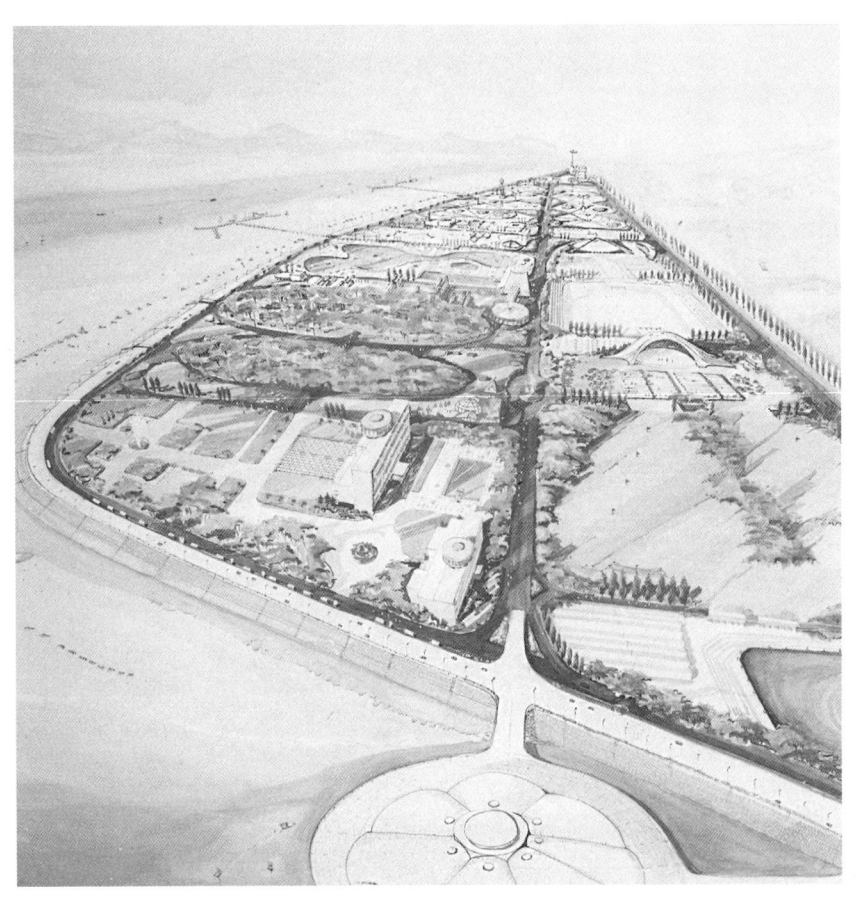

77 한강건설계획, 강변1로에서 본 여의도 조감도(1969).
78 뚝도공원 건설계획 조감도(1968).

81

79 광화문 복원 계획 투시도(1967).
문화재 관리국에서 광화문 정문을 옛 모습 그대로인 목조 건물로 3년에 걸쳐 복원하기로 계획했으나 서울시가 별도로 콘크리트로 광화문을 복원하는 계획을 마련해 언론에 공개했다.

80 장충공원 수영장 신설계획 조감도(1968).
81 삼청공원 수영장과 어린이 놀이터 건설을 위한 조감도(1968).

> 국가의 새 질서를 만들려면 무서운 데가 하나 있어야 했다.… 외부에 큰소리를 쳐서 무섭게 해 놓고 일은 조용히 하자는 생각이었다. 그때 국민들은 정보부를 가리켜 '씨에(CIA)'라고 불렀다. '잘못하면 씨에에 잡혀 간다'며 무서워들 했다. 나를 두고는 이런 말까지 생겼다.
> "우는 애도 정보부장이 온다고 하면 울음을 뚝 그친다."

「중앙일보」에 언재된 초대 중앙정보부장 김종필 증언록 「소이부답(笑而不答)」 중에서

1961년 중앙정보부 창설 당시 모토를 새긴 부훈석. '우리는 음지에서 일하고 양지를 지향한다'라고 적혀 있다.

중앙정보부의 음지들

1961년 창설된 중앙정보부는 오늘날 국가정보원(NIS, National Intelligence Service)의 전신이다. 국내외 보안과 관련된 정보 수집, 첩보, 수사 업무를 전담하던 대통령 직속 행정기관으로, 초대 수장은 박정희의 조카사위이자 5.16 주체세력의 핵심 멤버였던 김종필이었다. 5.16 군사정변 이틀 뒤 중앙정보부 설립을 위한 준비 작업이 착수되었다고 알려져 있는데, 군사정권기 내내 그 어느 국가기관보다도 막강한 권력을 휘둘렀던 이 기관과 당시 권력 수뇌부 간의 관계가 얼마나 밀접했는지 짐작할 수 있다. 중앙정보부의 주 업무는 단순 정보 수집과 첩보 활동에 그치지 않고 1960-1970년대 대학가를 중심으로 번진 반정부, 자유주의 민주화 운동을 통제·탄압하고 친북성향 운동권 인사들을 감시·교란하기 위한 수사권까지도 보장받아 그 권한이 말 그대로 강력했었다. 김종필은 생전에 인터뷰를 통해 중앙정보부(KCIA, Korean Central Intelligence Agency)가 미국의 CIA(Central Intelligence Agency)를 모델로 삼아 기획되었다고 언급했는데, 사실 CIA는 한국의 중앙정보부처럼 수사 권한을 가지고 있지 않다는 점에서 차이가 있다.[※] 이 같은 사실 때문에 현재의 관점에서 중앙정보부는 반정부 성향의 국민들을 감시·수사하며 고문하던 소련의 KGB에 오히려 더 가깝다고 여겨진다.

창설 초기 300여 명이었던 소속 요원들은 박정희 정권 내내 중앙정보부가 권력을 확장해 가면서, 정권 말기에는 3천여 명까지 늘어났다.[※※] 독재 정권의 수명을 계속해서 연장하기 위해서라도 반대 세력에 대한 감시와 처벌 체계가 필요했던 권력자에게 이 조직의 권한은 적재적소 아주 유용하게 활용할 수 있는 절대반지와 같았다.

---

82 1962년 촬영된 김종필(가장 왼쪽) 초대중앙정보부장의 훈시 모습이다. II급 비밀이라 적힌 천으로 (아마도 창문 위치일) 벽을 가리고 촬영했다. 중앙정보부 시절, '보안업무규정'에 따르면 I급 비밀은 '외교관계 단절 및 전쟁을 유발하는 등의 우려가 있는 비밀', II급 비밀은 '누설되는 경우 국가안전보장에 막대한 지장을 초래할 우려가 있는 비밀'이다. 중앙정보부장은 비밀 건에 대한 암호자재 제작·공급에 대한 전권을 가지고 있었다.

표. 중앙정보부법   법률 제619호, 1961.6.10. 제정

제1조	기능 국가안전보장에 관련되는 국내외정보사항 및 범죄수사와 군을 포함한 정부각부정보수사활동을 조정감독하기 위하여 국가재건최고회의 (以下 最高會議라 稱한다) 직속하에 중앙정보부를 둔다.
제2조	본부와 지부 중앙정보부는 서울특별시에 본부를 두고 필요에 따라 지부를 둔다.
제3조	직원 ① 중앙정보부에 부장 1인과 기획운영차장, 행정차장 각 1인을 두고 지부에 지부장을 두며 본부와 지부에 수사관을 둔다. ② 부장과 기획운영차장, 행정차장은 최고회의의 동의를 얻어 최고회의의장이 임명하고 지부장은 부장의 제청으로 최고회의의장이 임명한다. ③ 수사관은 전형에 의하여 부장이 임명한다.
제4조	직원의 권한 의무 ① 부장은 최고회의의장의 명을 받아 중앙정보부의 업무를 장리하고 소속직원과 제1조에 규정된 정보수사에 관하여 국가의 타기관소속직원을 지휘감독한다. ② 기획운영차장은 중앙정보부 전반에 대한 기획 및 운영부문에 대하여 부장을 보좌한다. ③ 행정차장은 중앙정보부 전반에 대한 인사, 행정, 재정, 시설부문에 대하여 부장을 보좌한다. ④ 지부장은 부장의 명을 받아 지부업무를 장리하며 소속직원을 지휘감독한다.
제5조	협의기관 중앙정보부에 정보위원회와 기타 필요한 협의기관을 둘 수 있다.
제6조	수사권 ① 중앙정보부장, 지부장 및 수사관은 소관업무에 관련된 범죄에 관하여 수사권을 갖는다. ② 전항의 수사에 있어서는 검사의 지휘를 받지 아니한다.
제7조	타기관의 협조 ① 중앙정보부의 직원은 그 업무수행에 있어서 필요한 협조와 지원을 전국가기관으로부터 받을 수 있다. ② 전항의 직원은 그 신분을 증명하는 표지를 소지하여야 한다.
제8조	준용규정 경찰관직무집행법 제7조의 규정은 부장이 인가한 중앙정보부수사관에 이를 준용한다.
제9조	위임규정 본법 시행에 관하여 필요한 사항은 국가재건최고회의규칙으로 정한다.
부칙	① 본법은 공포한 날로부터 시행한다. ② 본법 시행당시의 국가재건최고회의 중앙정보부는 본법에 의하여 설치된 것으로 간주한다.

이 과정에서 행해진 수많은 월권 행위들은 조용히 묻고 넘어갈 수 있을 정도로 그 규모와 권력이 커져 갔던 것이다. 한창 이 조직의 세력이 클 때는 남산 예장동 일대에만 2만 4,800여 평의 부지에 총 41개 동의 건물을 소유하고 있었다고 하니[※] 정권을 지탱하기 위해 얼마나 많은 인력이 동원되었는지, 또 얼마나 많은 시민들이 소환되어 그 건물 안에서 감찰과 고문을 당했을지 짐작해 볼 수 있다.

당시 중앙정보부의 권력은 그 파워뿐 아니라 광범위한 모든 사회 분야에까지 고루 미쳤었다는 사실도 흥미롭다. 군사 정권 초기 주한 미 대사관 문정관이었던 그레고리 헨더슨(Gregory Henderson)은 이와 관련된 중앙정보부에 대한 인상을 기록으로 남겼다.

> "중앙정보부는 고전적인 모호성을 현대적인 비밀로 대체했고, 국내외에서 조사, 체포, 테러, 검열, 대대적 신원조사, 그리고 수천 명의 요원, 밀고자, 스파이 등을 추가했다. … 한국 역사상 어처구니없을 정도로 그 기능이 팽창된 시기에 중앙정보부는 폭넓게 감시하고 숱한 정부 기획을 입안했으며, 신임 정부 기관 요원들을 모집하고 일본과의 관계를 고무했으며, 기업체를 후원하고 기업들한테 돈을 빼앗았으며, 학생들을 감시하고 조작했으며 … 극단, 무용단, 관현악단 및 워커힐 같은 대규모 관광센터를 후원했다."[※※]

'어처구니 없을 정도'로 확장된 중앙정보부의 활동 중 하나로 '양지축구단'을 들 수 있다. '우리는 음지에서 일하고 양지를 지향한다'라는 정보부 부훈에서 이름을 따온 이 축구단은 1967년 중앙정보부가 창설하여 1970년까지 활동했다. 축구단의 목표는 단순했다.

표. 5.16 군사정변 이틀 뒤 중앙정보부 설립을 위한 준비에 착수한 김종필은 한 달도 채 안 되어서 관련 법령을 제정하여 발표했다. 제6조 '수사권'으로 인해 이후 수십 년간 중앙정보부가 무자비하게 권력을 휘두르는 공포의 시대가 열리게 되었다.

전년도 잉글랜드 월드컵에서 8강에 오른 '북한축구를 타도'하는 것이었다. 급히 조직된 선수들은 서울 이문동 중앙정보부 청사 내의 숙소시설에서 합숙하고 국영기업 간부급 급여를 받는 등 정보부의 아낌없는 지원을 받으며 국내 유일 잔디구장에서 특별 훈련을 했다.

처음 중앙정보부 청사가 지어진 곳은 조선 20대 왕인 경종의 능, 의릉(懿陵) 근처 석관동이었다. 당시에는 이 구역이 행정구역상 이문동 경계선에 걸쳐져 있어 '이문동 청사'라고 불렸었지만, 정확한 주소는 석관동이다. 이 구역은 창설 다음 해인 1962년 중앙정보부에 무상 접수된 뒤 정보부가 국가안전기획부(안기부)로 명칭이 바뀌고 내곡동으로 이전하기 전인 33년 동안 민간인이 접근할 수 없는 금단의 땅이었다. 여러 청사 후보지들 가운데 왕릉 근처인 석관동이 선택된 이유가 '비밀을 무덤까지 가지고 간다'라는 의미를 내포하고 있다는 설은 그냥 나온 이야기가 아닌 듯싶다.✽ 석관동 청사의 외관은 새하얀 색으로 칠해진 사각 콘크리트 건물로 공중폭격의 피해를 최소화하기 위해 가운데를 비워 중정을 둔 형태이다. 중앙정보부 청사로 활용되던 당시에는 건물의 형태나 위치 정보 자체가 기밀 사항이었기 때문에 기록으로 남겨져 있는 시각 자료가 없다. 석관동 청사의 모습이 언론을 통해 처음 공개된 것도 1993년이었다. 83 1995년 안기부가 내곡동으로 청사를 이전하고, 한국예술종합학교 미술원으로 변화한 본청 건물의 내부는 바뀐 용도에 따라 많이 달라졌지만 아직 낡은 하얀 콘크리트 외관을 간직하고 있다. 이곳에 있던 정보기관의 여러 건물이 철거되었지만 본청과 강당, '음지못'으로 불리는 연못이 남아 그 시절의 이야기를 여전히 품고 있다. 유난히 괴담이 많다는 한예종 캠퍼스. 영문 모른 채 끌려와 모진 고문으로 스러져 간 많은 이들의 이야기는 유령처럼 여전히 의릉 근처를 떠돌고 있다.

83 1993년 처음 일반에 공개된 석관동 청사.
84 1974년 석관동 본청 건물에서 최초로 남북한이 통일에 관해 합의한 내용인 7.4 남북공동성명을 발표하는 이후락 중앙정보부장.

85　과거 중앙정보부 석관동 청사로 사용되었던
건물은 1990년대 이후 한국예술종합학교
미술원으로 활용되고 있다.

86 견고한 사각형 구조의 본청 건물은 공중폭격을 대비하고 그 피해를 최소화하기 위해 가운데가 비워진 형태로 설계되었다. 현재 중정은 학생들의 휴식 공간으로 꾸며져 있다.

87 건물 내 지하로 내려가는 B1 표지판과 함께 '지하실'이라 쓰여진 낡은 표지판도 남아 있다.

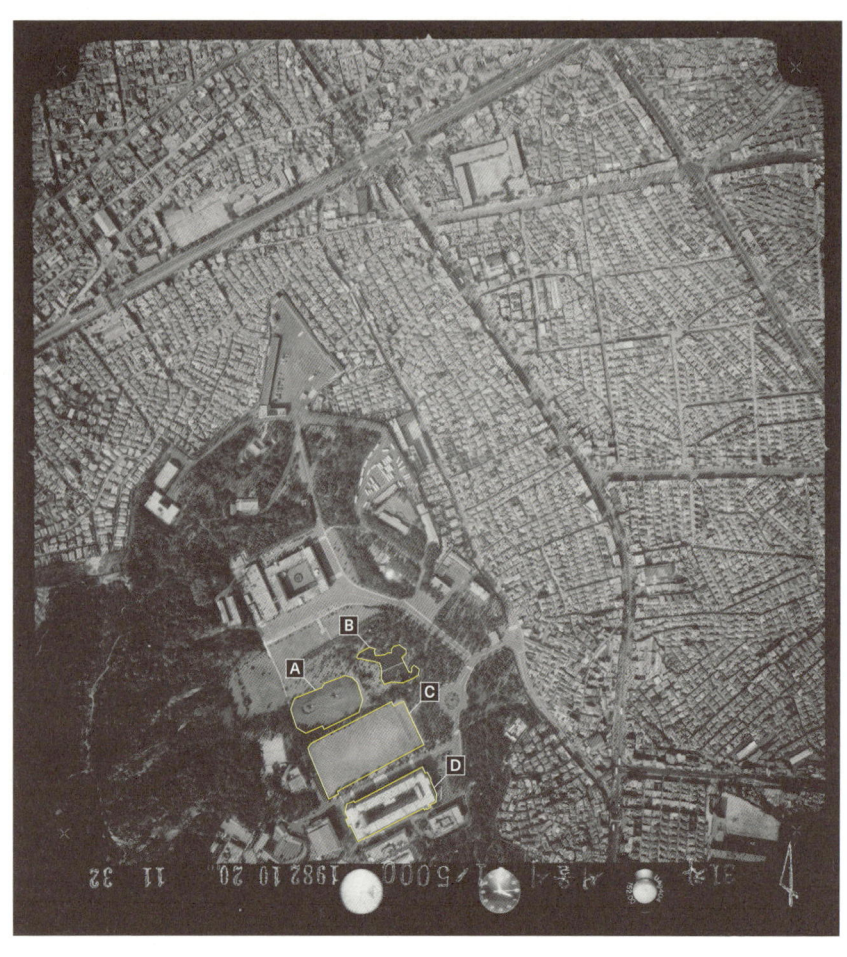

88 1982년(왼쪽)과 2005년(오른쪽)에 촬영한 의릉(A) 주변 항공사진을 비교해 보면 양지못(B)이 메워진 것을 확인할 수 있다. 중앙정보부 청사가 들어오며 의릉 일대를 헤치고 조성했던 양지못은 잉어가 노니는 전형적인 일본풍 정원이었다고 전해진다. 의릉 옆에는 양지축구단이 훈련한 잔디 축구장(C)도 위치해 있었다. 그 아래는 건물 가운데 비워진 구조가 도드라지는 본청(D, 사진 85-87)이다. 다음은 전 국정원 직원이 쓴 글에서 발췌한 것으로 중정이라는 당대 최고의

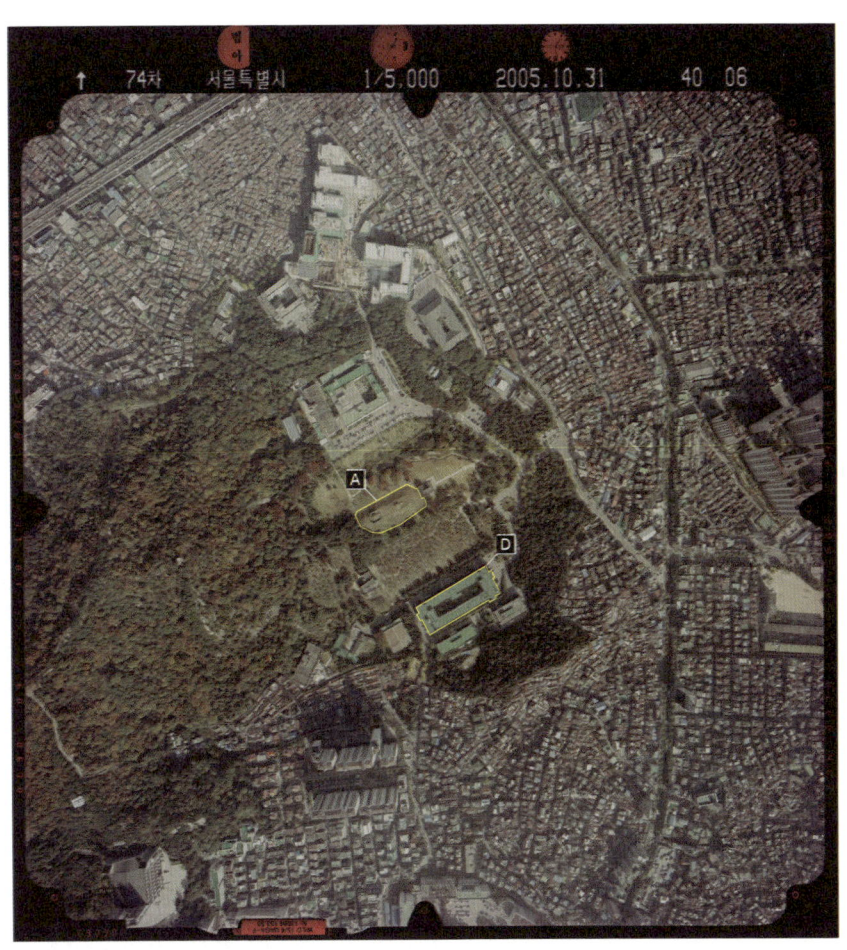

권력 기관에 대한 흥미로운 이야기를 전달한다. "의릉 밑에는 양지못이라고 불리는 조그만 인공 연못이 있었다. 왕릉 아래 못을 팠다고 해서 이씨 종친으로부터 많은 항의를 받았다고 한다. 양지못에는 서슬 퍼런 시절에 생겨난, 코미디 같은 전설이 하나 전해 내려왔는데, '정보기관이 한창 잘나갔던 중정 시절에는 양지못 붕어아비(금붕어를 관리하는 직원)가 고향에 내려가면 군수가 직접 영접을 나왔다'고 한다." – 김기삼, '나의 국정원 체험기', 『일요서울』, 2008.7.15.

89 한국예술종합학교 연극원 학생들은 '중앙정보부 기념물'을 부수는 이례적인 행위예술을 했다. 이날 학생들이 부순 기념물은 중앙정보부가 1971-1972년 이곳에 양지못, 음지못이라는 연못을 판 뒤 세운 가로 1.5미터, 세로 1.2미터 크기의 돌 기념비이다.
(『한겨레』, 1998.3.30.)

90

90 한국예술종합학교 교내에 남아 있는 옛 중앙정보부 강당 건물의 내외부. 처음 중앙정보부 청사가 들어서며 훼손된 의릉을 복원하려는 계획이 1990년대 세워졌는데, 그 과정에서 이 강당은 철거될 예정이었다. 그러나 1972년 이후락 중앙정보부장이 7·4 남북공동성명을 발표한 역사적인 가치가 있는 건물이기에 2004년 등록문화재로 지정되어 지금까지 보존되었다.

1972년 남산 예장동에 또 다른 중앙정보부 본청 건물이 들어섰다. 정보부 수사관이 "남산에서 왔습니다"라고 하면 모든 국민들이 두려움에 떨었을 정도로 남산이 공포의 구역이 된 건 이때부터이다. 예장동 본청이 세워지면서 남산은 주로 국내 분야를, 석관동은 해외 분야를 담당하도록 역할 분담이 이루어졌다. 남산 일대의 중앙정보부 소유 건물들 역시 보안을 이유로 정확히 어떤 건물들이 어디에 위치했었는지, 그리고 모습은 어땠는지를 기록한 공식 자료들은 찾을 수가 없다. 다만 해당 건물들에서 취조와 고문을 받았던 이들의 생생한 증언으로나마 당시의 모습들을 머리에 그려 볼 수 있다.

중앙정보부를 서너 차례 끌려갔다 온 뒤 생겨난 것이 슬리퍼 소리 공포였다. 이곳에서 조사를 받으면서 가장 고통스러운 것은 조사를 받은 뒤 조사결과를 가지고 나간 조사관이 돌아오는 것을 기다리는 시간, 특히 조사관이 조사실로 돌아오는 슬리퍼 소리였다. 슬리퍼 소리가 가까워지면 내 진술이 그들의 시험을 통과해 훈방될 것인가, 아니면 "이 자식 거짓말하지 마!" 하며 고통스러운 고문과 심문의 시간이 시작될 것인가, 가슴 조이게 된다.※

본청 건물 옆길을 따라가면 갑자기 터널이 나타난다. 100미터 남짓한 터널의 끝으로 또 다른 건물인 제5별관이 보인다. 깜깜한 밤, 중앙정보부 직원들에게 연행된 이들은 눈을 가린 채로 끌려오기 마련이었다. 이들이 처음 눈을 뜨는 곳은 남산 3호 터널 앞 대형 철제문. 육중한 철제문이 끔찍스런 소리를

---

91 당시 중앙정보부 감찰실 요원이었던 최종길 교수의 동생 최종선은 1973년 10월 25일 저녁(최종길 교수의 투신자살에 관한 기자회견이 발표된 그날 저녁) 연세대 세브란스 병원 정신병동에 위장 입원하여 비밀리에 그날의 일을 98쪽 분량의 문서로 기록했다. 이 수기는 한 신부에게 전해진 후, 공소시효가 얼마 남지 않았던 1988년 세상에 공개되었다. 2000년대에 들어서야 이 의문사에 대해 제대로 조사가 이루어졌고, 국가기관이 자행한 고문에 의한 사망, 자살 조작 사건으로 결론지어졌다.

1.
1993. 10. 26. 세브란스 병원 정신병동 -

나는 이곳을 쓰기위한 최적의 장소로 이곳을
선택했다.
지금의 나에게 있어 무엇보다 시급한것은 주인을
위해 헌신 죽음에 대한 오늘의 뜻한 생각을
정리 하는 것이다.
나는 그동안 헌신을 보여주신 주님의 뒤를
따르겠다 대답 으로 보고 또 어제 저의
쇼크는 가장 싸게 이곳으로 들어온것이다.
그들의 감시 범위 속에 남아 그것은 연상 시키며
내가 못하는 것은 제대로 받지 않고 눈치 있는것
것 외엣 밖에 없는것이기 때문이다.
나는 오늘 아침 제지되면 몸에 있는 나의 친구
문은 방식 그 보러 그곳으로부터 떤나 오는 것
받아 이것을 쓰는것이다.
나는 이곳을 완전히 조용히 쓰고 난 뒤에야
이곳을 떠나는것이다.

이것은 앞으로 우리 가족 뿐는 고인 의 동료
교우, 제자 분에게 또 다른 위해 가 가해진 경우
공개 될것 으로서 나의 최후 의 것이 될지도
모른다.
따라서 이것은 진실 이며 아무 가식도 없는
나의 위언 인것이다.

내가 이것을 쓰지 않으면 안되는것은 지금
이 시점 에서 희 생과, 교육 의 죽음과 그 진상,

F4-A11-③   480350

내며 열리면 차는 곧바로 깜깜한 터널을 향한다. 깊은 밤, 위치를 알 수 없는 이들은 거대한 지하 공간으로 끌려가는 듯한 두려움을 느껴야 했다. 제5별관 앞 터널의 용도였다.※

이 남산에서 셀 수 없이 수많은 희생들이 있었지만 그중에서도 '최종길 교수 의문사 사건'은 상징적이다. 1973년 당시 서울대학교 법학과 교수였던 최 교수는 중앙정보부로부터 '유럽 간첩단 조작 사건'의 참고인으로 수사에 협조해 달라는 연락을 받고, 10월 16일 중앙정보부 본부 건물을 스스로 찾아갔다고 알려져 있다. 그러고는 일련의 조사를 받는 과정에서 알 수 없는 이유로 불과 3일 뒤인 19일 의문사하였다. 같은 날 중앙정보부는 최 교수가 간첩 혐의로 잡혀와 자백을 한 뒤, 본관 건물 7층에서 투신하여 자살하였다는 내용의 공식 성명을 발표했다. 당시 중앙정보부 감찰실 요원이었던 최 교수의 동생 최종선은 비밀리에 그날의 일을 98쪽의 문서로 기록해 오랫동안 공개하지 못하고 보관하였다. 91 아래에 그중 일부를 옮겼다.

'서울대 최종길 교수의 죽음 관련 글' 중 일부
1973.10.26. 세브란스병원 정신병동
"나는 이 글을 쓰기 위한 최적의 장소로 이곳을 선택했다. 지금의 나에게 있어 무엇보다 시급한 것은 후일을 위해 형님의 죽음에 대한 오늘의 한을 생생히 남겨 두는 것이다. 나는 그들이 형님을 반역자의 누명을 씌워 매스컴에 대대적으로 보도한 어제 저녁 쇼크를 가장하여 이곳으로 들어온 것이다. 나는 이 글을 완전히, 조속히 쓰고 난 후에야 이곳을 떠날 것이다.

그 죽음에 대해서 고문과 살인에 관련된 자들을 제외하고는
나만큼이나마 알고 있는 사람은 아무도 없으며, 시급히
이 글을 남기고자 하는 것은 우리에게 있어 장래는, 아니
내일조차 불투명하기 때문이다. 이 글은 완전하지는 못할 것이나
앞으로 언젠가 진실을 규명할 기회가 주어진다면, 조그만
첫걸음이나마 되어 주기를 기원하는 마음에서 쓰는 것이다. …
최종길 교수 사건! 이 사건은 최교수 개인의, 최교수 일가정만의
사건일 수는 없다. 이 사건은 이 암흑의 시대, 전부의 인권과
생명이 여지없이 유린당하고 있는 이 공포의 시대를 사는
우리 모두의 사건이며 우리 모두의 죽음이기 때문이다."

2000년대에 이르러서야 이 의문사 사건에 대한 정식 조사가 이루어졌고, 최종적으로 '국가기관의 고문에 의한 사망, 즉 자살 조작 사건'으로 결론지어졌다. 여전히 그날 그 장소에서 있던 일을 기억하는 그 누구도 진실을 증언하지 않는 상황에서 최 교수가 잡혀 오기 전, 유신헌법 반대 시위에 참석한 대학생들을 체포한 정부에 항의했다는 사실만이 그의 죽음과 무언의 연관성이 있을 것이라 추측할 뿐이다. '대한민국 의문사 1호' 사건으로도 유명한 최종길 교수의 죽음은 유신 독재정권의 시작을 알리는 상징적인 사건으로, 이후 기록되지도 알려지지도 않은 소리 없는 희생들이 얼마나 더 있었을지 아득하다.

그 어떤 국가기관보다도 막강한 권력을 휘둘렀던 중앙정보부는 박정희 사망 이후인 1981년 국가안전기획부로 개편되었고, 안기부의 본청이 1995년 내곡동으로 모두 이전하면서 남산에 있던 중앙정보부 건물 41개 동은 서울시 관할로 이관되었다. ※

92

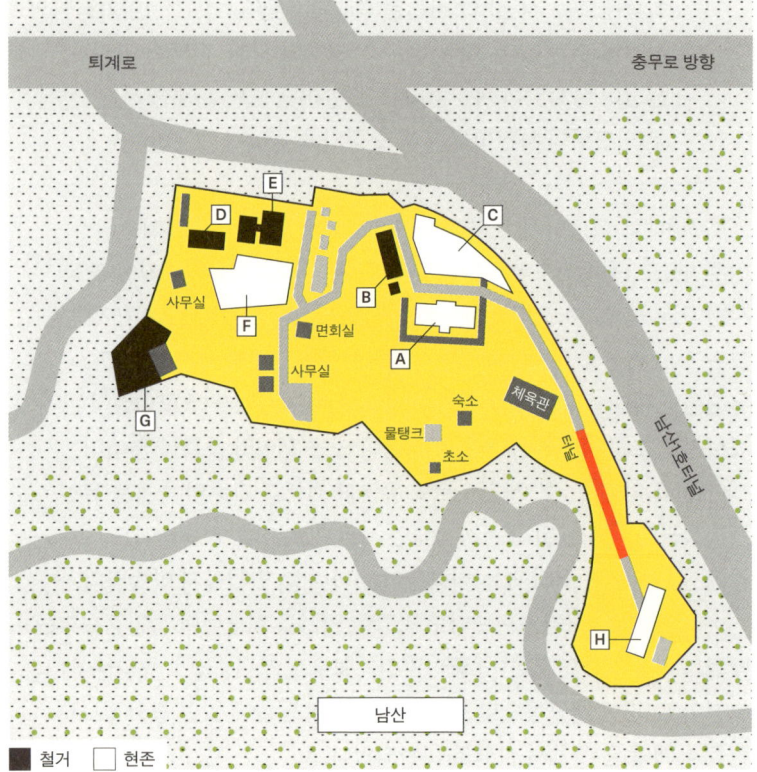

특별한 점은 안기부가 이전하는 과정에서 자신들이 사용했던 건물들을 모두 철거해 달라고 서울시에 요구했다는 점이다. 93 철거를 요구한 이유는 그들의 '어떠한' 과거의 행적들을 지우기 위함이었을까. 서울시는 남아 있던 27동의 건물들 중에서 23동을 해체했고, 일부는 외관이 크게 바뀌지 않은채 용도만 바뀌어 활용되고 있다.

가장 대표적인 사례라 할 수 있는 옛 중앙정보부 제1본관 건물은 리노베이션 공사를 거쳐 현재 '서울 유스호스텔'로 사용되고 있다. 그 옆에 위치한 지하벙커 구조의 취조실 6별관 건물은 '서울종합방재센터'로, 또 고문하는 장소로 악명높았던 수사국 5별관은 '서울시청 별관'으로, 유치장이었던 건물은 '소방재난본부'로 지금도 사용되고 있다. 이 건물들 안에서 비밀리에 행해진 국가기관에 의한 개인들의 희생을 어떻게 하면 보존하여 다음 세대에게 제대로 전달할 수 있을까. 2010년대가 되어서야 이 건물들 중 철거되지 않고 남아 있는 일부를 중앙정보부 건물과 연관된 과거사를 알리고 민주화운동을 기념하는 장소로 활용하려는 움직임이 생겨나고 있다. 고문으로 악명 높았던 6국 건물은 지난 2017년 철거되었지만, 같은 자리에 새로 조성된 남산 예장공원 안에 '기억6'이라는 공간을 일부 남겨 두었다. 94,95 지하 공간에 6국의 조사실 하나를 그대로 재현해 놓았는데 옛 중앙정보부의 시설 중 유일하게 기록을 위해 남겨진 장소이기에 의미가 있다. 하지만 이미 사라져 버린 대부분의 중앙정보부 관련 건축물들은 그 흔적조차 찾기 어렵다. 건물의 용도와 위치를 숨기기 위해 위장된 이름을 사용하여 서울 곳곳에 비밀리에 위치했었기 때문이다. 이어지는 지면에 접근 가능한 정보 범주에 있는 건물들의 목록을 정리했다.

92 남산 자락, 서울 중구 예장동에 위치했던 중앙정보부 건물들을 표시한 지도.
출처: 『조선일보』, 1996.5.28.

A	본청(제1본관)	현 서울유스호스텔
B	제1별관	철거
C	제6별관	현 서울종합방재센터
D	6국(제3본관)	철거, 전 서울시 균형발전본부
E	제2본관	철거, 전 TBS 교통방송 본사
F	사무동	현 서울소방재난본부
G	제4본관	철거
H	제5별관	현 서울시청 남산별관

'쾅'…5초만에 사라진 '악명의 상징'
남산 옛 안기부건물 철거

"千億 공중날려… 정치쇼 곤란" 반대

"시민 공원으로… 제모습 찾기" 찬성

93 안기부가 이전하고, 남산 일대 중앙정보부 건물 해체작업은 빠르게 진행되었다. 그중 가장 인상적인 사례는 '남산 제 모습 찾기' 사업 명목으로 1996년 8월 진행된 '제1별관 폭파 해체'였다. 중앙정보부 본청 바로 옆, 이곳의 건물 중 두 번째로 큰 규모였던 제1별관은 지금 사라져 공터로 남아 있다. 서둘러 해체작업을 한 것은 안기부가 떠나며 한 요청 때문은 아니었을까. (폭파 해체를 보도한 『한겨레』, 『동아일보』, 『조선일보』 기사 제목과 『연합뉴스』 사진)

건물명	중앙정보부 본청	G8①
주소	중구 퇴계로26가길 6	
연도	1972 – 현재	

1995년 서울시가 150억 원에 매입하여 1997년부터는 시정개발연구원 청사로, 2003년부터는 소방방재본부와 서울종합방재센터 청사로 사용되어 왔다. 2006년 리노베이션 공사를 거쳐 서울 유스호스텔로 새로 개관하였다. 이 과정에서 과거 중앙정보부 건물이었음을 드러내는 주춧돌은 없애버렸다. 이 호스텔의 공식 웹사이트 소개에 따르면 서울특별시가 설립하고 한국스카우트연맹이 운영하는 시설이다. 최종길 교수가 조사과정에서 의문사한 중앙정보부 본관 건물로 당시 7층에서 투신했다고 발표되었으나, 사진에서 보이듯 사실은 6층 건물이다. 1970년대에는 건물 층수에서 4층을 생략하는 관행이 있어서, 6층을 7층으로 표기했던 것이다. 이 건물을 관할 소유한 서울시는 지금 사업주와의 계약이 만료되면 이 건물을 철거할 예정이라고 밝힌 바 있다.

건물명	중앙정보부 제5별관	G9②
주소	중구 삼일대로 231	
연도	1970년대 – 현재	

과거 간첩혐의를 수사하던 대공수사국으로 여러 조작간첩 사건들과 연관된 공간이다. 한동안 서울시청 남산별관으로 불리다가 현재는 서울특별시 중부공원여가센터로 기능하고 있다. 이 건물로 가는 길에는 길이 84미터의 굴길(터널)을 통과해야만 하는데, 중앙정보부가 있던 시절에는 터널 입구가 대형 철제문으로 막혀 있었다고 한다. 국가폭력 피해자들의 인터뷰를 보면, 거적을 머리에 둘러쓰고 송치되면서 걷던 이 어둡고 축축한 터널길과 철문 소리에 대한 청각과 관련된 기억이 자주 등장한다.

건물명	중앙정보부 제6별관	G8③
주소	중구 퇴계로26가길 6	
연도	1970년대 – 현재	

중앙정보부 본관 바로 맞은편에 위치해 있다. 지하 3개층으로 이루어진 공간으로 현재는 서울종합방재센터로 사용되고 있다. 잡혀 온 이들이 이곳에서 고문, 취조를 받아 '지하고문실', '지하벙커'로 불렸으며, 본관 건물과는 지하통로로 연결되어 있었다. 과거에는 이 공간의 존재가 외부에서는 아예 드러나지 않도록 지상 구조물이 없었다.

건물명	중앙정보부 6국	F8④
주소	중구 예장동 4-1	
연도	1970년대 – 2017	

'죽음의 방'으로 불리던 고문수사실 공간으로 2017년 철거되기 전까지 서울시청 도시안전본부로 사용되었다. 2015년부터 진행된 '남산 예장자락 재생 사업'의 일환으로 철거되며 이 주변부가 공원으로 새로 조성되었는데, 그 과정에서 건물의 일부분이 남았다. 이를 활용해 지하 취조실을 재현한 '기억6' 공간이 만들어져 인권유린의 흔적을 살펴볼 수 있다.

건물명	중앙정보부 감찰실	F8④
주소	중구 퇴계로26길 36	
연도	1970년대 – 2017	

6국 옆에 위치하여 사무동으로 사용된 공간이다. 1990년대 안기부 이전 후에는 TBS 교통방송 본사 건물로 사용되었다. 6국 건물과 함께 '남산 예장자락 재생 사업'으로 철거되었다.

건물명	중앙정보부장 공관	F8⑤
주소	중구 퇴계로26길 65	
연도	1970년대 – 현재	

남산 중앙정보부 중앙정보부장들의 관저로
사용되던 건물이다. 2001년 '문학의 집'으로
리모델링되어 문화 공간으로 활용되고 있다가
현재는 운영을 중단해 내부를 볼 수 없다.
이 건물 맞은편에 있는 안기부장 경호팀 숙소용
주택은 '산림문학관'으로 개조되어 활용되고 있다.

건물명	중앙정보부 제1별관	G8⑥
주소	중구 퇴계로26가길 6	
연도	1970년대 – 1996	

본관 바로 옆에 위치해 있었던 건물로 주로 통신
도청·감청하던 기관이다. 1995년 안기부가
내곡동으로 이전하고 1996년 곧바로 '남산
제 모습 찾기 사업'의 하나로 폭파 해체되었다.
'남산'이란 단어 자체만으로도 공포를 불러일으키던
남산시대가 끝났음을 대중에게 알리는 상징적
이벤트였다고 볼 수 있는데 안기부는 1999년
이름을 국가정보원으로 바꿨다. 지금은 공터에
남산인권숲(일본군 위안부 기억의 터)이 조성되어
있다.

건물명	중앙정보부 사무동	F7⑦
주소	서울특별시 중구 소파로 145	
연도	1970년대 – 현재	

중앙정보부의 사무동으로 사용되던 건물로
지금은 대한적십자사 별관(서울사무소)으로
활용되고 있다.

건물명	주자파출소	F8④
주소	6국 근처	
연도	1970년대 – 2011 (철거)	

조선시대 주자소가 있어 '주자동'이라 불리던 6국과 감찰실로 올라가는 길 입구에 있던 주자파출소는 남산으로 잡혀간 이들의 가족이 소식을 듣고 찾아와 접수하고 하염없이 기다리던 곳이었다. '면회소'라고 불렸지만 면회는 거의 이루어지지 않았다.

건물명	중앙정보부 사무동	F8⑧
주소	중구 퇴계로26길 52	
연도	1970년대 – 현재	

중앙정보부의 사무동으로 사용되던 건물로 지금은 서울소방재난본부로 활용되고 있다.

건물명	체육관	G9⑨
주소	예장동 산5-84	
연도	1970년대 – 현재	

중앙정보부 직원들이 사용하던 체육관으로 알려져 있다. 1995년부터는 서울시가 관리하면서 테니스 연습장으로 활용되었고, 2007년에는 문화시설로 용도가 변경돼 남산창작센터로 사용되었다. 2020년부터는 건물 노후화로 운영이 잠정 중단되었다가 2023년 남산 XR 스튜디오로 새로 개장하였다.

94-95 서울시 균형발전본부(전 중앙정보부 6국)와 TBS 교통방송국 건물(전 중앙정보부 감찰실)이 있던 터. 이 건물들은 2017년 철거되었고 사진은 2019년 말 촬영된 공사장의 모습이다. 2021년 3월, 남산예장공원과 주차시설로 공사가 마무리되었다.

94

95

만일 그때
그 건축이
사라졌다면

김소연
건축가, 『경성의 건축가들』 저자

"전 세계 최고의 지성을 한자리에!"

EBS「위대한 수업(Great Minds)」의 강연자들은 노벨 경제학상 수상자 폴 크루그먼, 『정의란 무엇인가』의 저자 마이클 샌델, 『사피엔스』의 저자 유발 하라리 등 그야말로 가방끈이 아주 길 뿐만 아니라 튼튼하고 번쩍거리는 사람들이다. 그런데 그들 중에 최종 학력이 공업고등학교인데다 학교 공부는 꼴찌를 도맡아 했던 사람이 있다. 바로 건축가 안도 다다오. 그는 건축을 독학으로 익혔다. 오사카 헌책방에서 산 르 코르뷔지에 작품집을 수없이 베끼다가 시베리아 횡단 철도를 타고 유럽으로 갔다. 근대건축의 거장인 르 코르뷔지에 건축을 볼 수 있다면 어디든 찾아다니며 직접 보고 느끼며 공부했다. 사실 르 코르뷔지에도 독학으로 성공한 건축가였다. 그 또한 젊은 시절 동방 여행에서 만난 고대 건축의 진수를 보며 결정적인 교훈을 얻었다. 시공을 초월한 보편적 미의 규범과 비례의 원리를 발견하고, 그것을 현대화하여 산업화·기계화 시대에 맞는 근대 건축(건축운동으로서 모더니즘 건축)의 길을 제시했다.

르 코르뷔지에의 유일한 한국인 제자 김중업은 원래 1947년부터 서울대학교 교수로 재직하고 있었다. 1952년 이탈리아 베니스에서 열린 '제1회 국제 예술가대회'에 한국 대표로 참석했는데, 대회가 끝난 후 귀국하지 않고 파리에 있는 르 코르뷔지에 아틀리에로 갔다. 그곳에서 김중업은 학창 시절 하숙집 벽에 작품 사진을 붙여 놓았고 대학에서 책을 보며 학생들을 가르쳤던 르 코르뷔지에를 대면했고, 이후 그의 아틀리에에 입사해 작품에도 참여했다. 3년 2개월 동안 12개의 작품에서 326건의 도면을 그리면서 김중업은 세계건축의 흐름을 목격하고 자신의 미래를 다졌다. 김수근은 김중업이 교수로 재직하던 1950년에

서울대학교 건축과에 입학했다. 곧 한국전쟁이 발발하자 김수근은 건축 공부를 위해 일본으로 밀항했다. 일본 유학 시절 김수근이 심취했던 건축가는 르 코르뷔지에와 단게 겐조였다. 이미 일본 건축계에 '르 코르뷔지에파'가 형성되어 있었고, 르 코르뷔지에가 일본의 국립서양미술관을 도쿄에 설계하던 시기이기도 했다.

단게 겐조는 고등학생 때 외국 잡지에서 르 코르뷔지에에 대한 기사를 읽고 감명받아 도쿄제국대학 건축과에 들어갔다. 졸업 후 단게 겐조가 실무를 쌓은 곳은 마에카와 구니오 건축사무소였는데, 마에카와 구니오는 르 코르뷔지에 아틀리에 출신인 데다 '르 코르뷔지에파'를 조직한 인물이었다.

김수근은 단게 겐조 연구실 출신인 박춘명, 강병기와 팀을 이뤄 1959년 한국에서 실시된 국회의사당 현상설계에 참여했다. 단게 겐조 스타일이라는 평가가 있었으나 결과는 당선, 그때 심사위원 중 한 사람이 김중업이었다. 얼마 후 일어난 5·16 쿠데타로 국회의사당은 지어지지 못했지만, 김수근은 군사정권의 지원 아래 굵직굵직한 도시·건축 사업을 도맡으며 승승장구했다. 그 시기 김수근의 작품에는 르 코르뷔지에의 그림자가 진하게 남아 있다. 자유센터는 김중업이 참여했던 르 코르뷔지에의 인도 찬디가르 국회의사당 건물을 인용한 것이다. 세운상가 계획안은 르 코르뷔지에가 제시한 메가스트럭처 개념과 마르세유 위니테 다비타시옹에서 시도된 내용이었다. 마르세유 위니테 다비타시옹은 김중업이 르 코르뷔지에 아틀리에에 입사할 무렵 완공된 작품이자, 단게 겐조가 직접 보고 감탄을 쏟아 냈던 작품이었다.

여기까지 돌고 도는 이야기의 중심에는 르 코르뷔지에가 있다. 르 코르뷔지에서 출발했던 건축가들은 모방과 변용의 시기를 지나

자기 정체성으로 나아갔다. 변화의 돌파구가 되었던 것은 근대건축이 저물 무렵 새롭게 발견한 자국의 전통 건축이었다. 단게 겐조와 김중업은 전통 건축의 형태와 구조를, 김수근은 전통 건축의 공간을, 안도 다다오는 전통 건축의 감성을 각자의 방식대로 현대적으로 해석하며 자신의 건축을 개척했다.

  그런데 만일 그들에게 감흥과 영감과 혁신의 실마리가 될 건축이 실물로 존재하지 않았다면 그들다운 건축이 탄생했을까. 물론 시대와 사회가 변하면 새로운 기능의 건축이 필요하고 개발을 위해 오래된 건물을 헐기 마련이다. 아픈 역사를 상징하는 건물이라면 애써 철거하려고 한다. 남겨야 할 것과 남기지 않을 것 사이에서 보존의 문제가 발생한다. 누구의 입장에서 어떤 의미와 가치로 보느냐에 따라 보존의 기준과 방식이 달라진다.

  억압과 통치를 위해 지은 건축을 적대감이나 피해의식으로 본다면 당장 철거하고 싶을 것이다. 그러나 저항과 인내의 역사로 접근한다면 교훈과 치유의 공간으로 되살릴 수 있다. 보존할 가치는 번듯하게 잘 지은 상류층의 건물이나 건축 양식을 잘 표현한 건축에만 있는 것이 아니다. 다양한 계층이 먹고 자고 일하고 투쟁하고 죽어 간 공간에도 있다. 보존은 문화의 두께이고, 문화는 다양성이 생명이기 때문이다. 그렇게 다양한 사람들의 삶과 경험과 기억이 축적된 도시에서 좋은 건축가와 건축주가 나오고 시민들의 삶도 풍요로워진다. 거기에 보존의 이유가 있다. 그러니 만일, 그때 그 건축이 사라졌다면 근현대건축의 변곡점을 그렸던 건축가들은 어떻게 되었을까. 그러니 이제, 우리는 사라지고 사라질 건축을 어떻게 할 것인가.

주석

37쪽	⊞ 박종혜·신경주, 「근대건축물의 보존과 활용에 관한 전문가 의식 유형화」, 『한국디자인포럼』 Vol.42, 한국디자인트렌드학회, 2014, p.309. ⊞⊞ 박종혜·신경주, 2014, p.310.
56쪽	⊞ 손은신·배정한, 「근대 역사 경관의 보존과 철거: 구 조선총독부 철거 논쟁을 사례로」, 『한국조경학회지』, 46(4), 2018, pp.28-29.
60쪽	⊞ 손은신·배정한, 2018, p.27. (원출처는 『동아일보』, 1994.1.5.)
75쪽	⊞ Sung-Gun Kim, 「The Shinto Shrine Issue in Korean Christianity under Japanese Colonialism」, 『Journal of Churchand State』, Vol.39, No.3, 1997, pp.503-521.
81쪽	⊞ '치욕의 역사 '일제 신사 유구' 방치해서야…', 오마이뉴스, 2005.2.3. www.ohmynews.com
95쪽	⊞ '근대사의 발걸음… '哀歡(애환)순례' 半島(반도)호텔', 『조선일보』, 1973.4.28.
101쪽	⊞ '서울 만들기 33. 소공동 재개발', 『중앙일보』, 2003.10.22.
158쪽	⊞ '노 종군 기자의 감회', 『중앙일보』, 1977.4.27.
162쪽	⊞ 대한민국 공보처 통계국, 『서울특별시 피해자명부』, 1950, pp.3-4. 김태우, 「한국전쟁기 미 공군의 공중폭격에 관한 연구」, 2008, pp.205-207, 재인용. ⊞⊞ 손정목, 「한국 전쟁과 서울의 피해(상)」, 『국토』, Vol.177, 1996, p.97, 재인용.
170쪽	⊞ 손정목, 1996, pp.88-89. ⊞⊞ 손정목, 1996, p.90.
174쪽	⊞ 손정목(1996)에서 2차 인용. 인용문과 지도의 폭격 지역 관련 표시는 저자가 했다.
197쪽	⊞ '서울 만들기 9. 서울 요새화 계획', 『중앙일보』, 2003.9.15.
199쪽	⊞ '우체통 밑에 토치카, 왕릉에는 비상방송 벙커… 서울은 군사요새였다', 『국민일보』, 2010.12.2.
204쪽	⊞ 정호기, 「박정희시대의 '동상건립운동'과 애국주의: '애국선열조상건립위원회'의 활동을 중심으로」, 『한국학』, 30(1), p.346.
207쪽	⊞ 안창모, 「분단체제와 서울의 도시 구조」, 『향토서울』, 제81호, 2012, p.175.
218쪽	⊞ 안창모, 2012, pp.166-168.
224쪽	⊞ 안창모, 2012, p.168.
230쪽	⊞ 이세영, 『건축 멜랑콜리아』, 반비, 2016, p.40. ⊞⊞ 안창모, 2012, p.169.
233쪽	⊞ 세운상가 역사 (sewoon.org)
258쪽	⊞ 김종필은 같은 인터뷰에서 중앙정보부 창설을 기획하던 시점, 즉 '혁명 직후'라는 특수한 상황을 고려해 '한시적으로' 수사권을 보장받았다고 설명했다. 민간 정부가 정식 출범한 뒤에 수사권을 법무부로 돌려놓는 것이 초기 의도였다는 것이다. 하지만 이후로도 수사권은 이양되지 않았다. - 「김종필 증언록 소이부답」, 『중앙일보』, 2015. ⊞⊞ '돌아온 산, 남산. 반독재를 삼킨 거대한 우물', 『한겨레』, 2009.8.19.
261쪽	⊞ '구 청사 어떻게 쓰이나', 『동아일보』, 1995.9.26. ⊞⊞ 브루스 커밍스, 김동노 외 3인 옮김, 『브루스 커밍스의 한국현대사』, 창작과비평사, 2001, p.511.
262쪽	⊞ ''저 캄캄한 양지'의 꿈, 석관동 중앙정보부 옛 청사', 민주화운동기념사업회, 2009. www.kdemo.or.kr
274쪽	⊞ '공포와 고통, 남산 '그곳'의 흔적들', 프레시안, 2021.7.30. www.pressian.com
276쪽	⊞ '반독재를 삼킨 거대한 우물', 『한겨레21』, 제774호, 2009.
277쪽	⊞ '남산 중정 철거 연기… 힘받는 역사보존운동', 『한겨레』, 2009.11.18.

참고 문헌

단행본

- 강난형 외 13인, 『국가 아방가르드의 유령』, 프로파간다, 2019.
- 강홍구 외 10인, 『아키토피아의 실험』, 마티, 2015.
- 김소연, 『경성의 건축가들: 식민지 경성을 누빈 'B급' 건축가들의 삶과 유산』, 루아크, 2017.
- 김정동, 『남아있는 역사 사라지는 건축물』, 대원사, 2000.
- 박정현, 『건축은 무엇을 했는가: 발전국가 시기 한국 현대 건축』, 워크룸프레스, 2020.
- 브루스 커밍스, 김동노 외 3인 옮김, 『브루스 커밍스의 한국현대사』, 창작과비평사, 2001.
- 서울시정사진총서 II 『서울, 폐허를 딛고 재건으로 II: 1963-1966』, 서울역사박물관, 2011.
- 서울시정사진총서 III 『돌격 건설! 김현옥 시장의 서울 I: 1966-1967』, 서울역사박물관, 2012.
- 서울시정사진총서 IV 『돌격 건설! 김현옥 시장의 서울 II: 1968-1970』, 서울역사박물관, 2013.
- 서울시정사진총서 IX 『선진 수도로의 도약 : 1979-1983』, 논고: 김기호, 서울역사박물관, 2018.
- 서울시정사진총서 VIII 『착실한 전진: 1974-1978』, 서울역사박물관, 2017.
- 오인욱, 『오인욱 교수의 한국 근대건축 속의 공간디자인』, 가인디자인그룹, 2012.
- 이경민, 『박정희 시대의 사진 표상과 기억의 소환』, 디오브젝트, 2017.
- 이광노 엮음, 『한국근대건축』, 공시, 2014.
- 이세영, 『건축 멜랑콜리아』, 반비, 2016.
- 이완건, 『근대건축 보존 그리고 역사도시 서울: 문화재 전반에 대한 보존 복원 그리고 활용』, 한국학술정보, 2009.
- 임동근·김종배, 『메트로폴리스 서울의 탄생: 서울의 삶을 만들어낸 권력, 자본, 제도, 그리고 욕망들』, 반비, 2015.
- 피아, 『한국건축 100년』, 99건축문화의해조직위원회, 1999.
- 『남산의 힘』, 서울역사박물관, 2015.
- 『서울: This is Seoul』, 서울특별시사편찬위원회, 1957.
- 『한국의 근대문화유산: 가려뽑은 등록문화재 30선』, 문화재청, 2004.

학술지

- 김선정,「관광 안내도로 본 근대 도시 경성: 1920-30년대 도해 이미지를 중심으로」, 2017, 『한국문화연구』 30, pp.33-62.
- 김성조·김영태,「근대건축 문화유산의 보전가치 기준에 관한 연구」, 2012, 『대한건축학회연합논문집』, Vol.14 No.1, pp.1-8.
- 김태우,「한국전쟁기 미 공군의 공중폭격에 관한 연구」, 2008, 학위논문(박사) 서울대학교 대학원: 국사학과.
- 박윤희·장석준,「조선총독부 건물 철거 과정의 상징정치 연구: Kingdon의 다중흐름모형을 중심으로」, 2016, 『한국정치연구』 제26집 제3호, pp.135-172.
- 손인신·배정한,「근대 역사 경관의 보존과 철거: 구 조선총독부 철거 논쟁을 사례로」, 2018, 『한국조경학회지』 46(4), pp.21-35.
- 손정목,「한국전쟁과 서울의 피해(상)」, 1996, 『국토정보』 177호, pp.84-97.
- 손정목,「한국전쟁과 서울의 피해(중)」, 1996, 『국토정보』 178호, pp.122-132.
- 안창모,「분단체제와 서울의 도시구조」, 2012, 『향토서울』 제81호, pp.161-208.
- 이동연,「세운상가의 근대적 욕망: 한국적 아케이드 프로젝트의 변형과 굴절」, 2009, 『사회와역사(구 한국사회사학회논문집)』, No.82, pp.249-282.
- 「근대건축물의 보존과 활용에 관한 전문가 의식 유형화」, 2014, 『한국디자인포럼』, Vol.42, pp.307-318.
- 「한국 근대건축의 보존과 활용: 명동지역의 장소성을 중심으로」, 2007, 『서울학연구』, No.28, pp.67-100.

웹사이트

- 국가기록원   https://www.archives.go.kr
- 국토정토플랫폼   http://map.ngii.go.kr
- 네이버 뉴스 라이브러리   https://newslibrary.naver.com
- 대한민국역사박물관 현대사아카이브   http://archive.much.go.kr
- 오픈 아카이브   https://archives.kdemo.or.kr
- 서울사진아카이브   http://photoarchives.seoul.go.kr
- 서울역사아카이브   https://museum.seoul.go.kr/archive/NR_index.do
- 서울특별시 항공사진 서비스   http://aerogis.seoul.go.kr
- e영상역사관   http://ehistory.go.kr

도판 출처

경향신문
66, 68

국가기록원
46 (DET0053625), 60 (우. JA0001121), 63 (CET0071751), 202 (CET0018885, CET0024281, CET0046078, CET0024297), 203 (CET0067074, CET0024282, CET0024298, CET0024291), 216 (CET0068492), 219 (CET0025124), 220 (하. CET0022018), 221 (CET0022020, CET0022025), 222 (CET0025978), 229 (CET0040902), 259 (CET0043016)

국립민속박물관
110, 135, 141

국립중앙박물관
59

기쁨과희망사목연구원, 민주화운동기념사업회
275

김수근문화재단
226

문화재청
272, 273

미국 국립문서기록관리청
65, 86 (하), 94, 154, 156

미국 국립문서기록관리청, 박도
67, 159, 171, 176, 179, 180, 184, 185, 188, 191

박고은
70, 87, 88, 89, 90, 91, 195 (하), 228, 232, 240, 241, 264, 265, 266, 267, 286, 288

부산광역시립박물관
58, 84, 119, 122, 128, 132

서울사진아카이브
198 (상, 중)

서울역사박물관
50, 57, 64, 72, 74, 77, 80, 82, 83, 85, 86 (상), 102, 104, 107, 108, 109, 111, 112, 113, 114, 115, 116, 117, 118, 120, 121, 123, 124, 125, 126, 127, 129, 130, 131, 133, 134, 136, 137, 138, 139, 140, 142, 143, 144, 145, 146, 147, 148, 149, 150, 151, 175, 192, 195 (상), 196, 198 (하), 206, 209, 210, 220 (상), 237, 238, 243, 244, 246, 248, 249, 250, 251, 252, 254, 255

서울특별시 항공사진 서비스
235, 268, 269

연합뉴스
280

조선일보
100

청암아카이브 © 임인식
182, 190

한겨레
270

KTV
69, 200, 263 (하)

Nate Kornegay Collection
92

National Air and Space Museum
166

Norb Faye (flicker.com)
160, 161

Presbyterian Historical Society
186

U.S. Army Map Service
168

Wikimedia, 서울시 소방재난본부
71

사라진 근대건축

박고은 지음

ⓒ Goeun Park 2022, 2025
ⓟ HB PRESS 2025

개정판 2쇄 2025년 9월 2일
개정판 1쇄 2025년 4월 19일
1판 1쇄 2022년 1월 31일

편집　　조용범, 눈씨, 김정옥
디자인　박고은
마케팅　황은진
제작　　정민문화사, 한승지류유통

에이치비 프레스 (도서출판 어떤책)
hbpress.kr
주소　　서울시 서대문구 성산로 253-4 402호
전화　　02-333-1395
팩스　　02-6442-1395
이메일　hbpress.editor@gmail.com

ISBN 979-11-90314-40-4 (03910)

이 도서는 한국출판문화산업진흥원의
'2021년 출판콘텐츠 창작 지원 사업'의 일환으로
국민체육진흥기금을 지원받아 제작되었습니다.